2학년

파이썬
Python
2학년
데이터 분석 구조

체험으로 배우고
대화 형식으로
공부하는
데이터 분석 구조

모리 요시나오 지음
오윤기 감역
황명희 옮김

BM (주)도서출판 성안당

Python2年生データ分析のしくみ

(Python 2 Nensei Data Bunseki no Shikumi: 6496-0)

© 2020 by YOSHINAO MORI.

Original Japanese edition published by SHOEISHA Co.,Ltd.

Korean translation rights arranged with SHOEISHA Co.,Ltd.

through Eric Yang Agency

Korean translation copyright © 2021 by SUNG AN DANG, Inc.

들어가며

　　Python 학습을 시작한 지 얼마 안 된 초보자로서 '다음 단계로 무엇을 해야 할지 모르겠다, Python의 기본은 알고 있지만 좀 더 실용적인 프로그램을 만들어 보고 싶다'는 생각을 하고 있는 분들이 많을 거라 생각합니다.

　　이 책은 그런 생각을 하는 Python 초보자들이 다음 단계로 데이터 분석에 도전하기 위한 책입니다.

　　〈Python 2학년 스크래핑 구조〉에서는 인터넷에서 여러 형식의 데이터를 모으거나 읽는 구조와 방법에 대해서 설명했습니다.

　　이 책에서는 수집한 데이터를 어떻게 다룰지에 대해 설명하겠습니다. 표준편차는 어떻게 사용하는지? 정규분포는 어떤 것인지? 등에 대해 수식을 사용하지 않고 Python으로 쉽게 설명합니다.

　　이 책은 〈Python 2학년 스크래핑 구조〉를 읽지 않아도 이해할 수 있습니다만, 먼저 읽으면 데이터를 수집하는 단계부터 구체적인 이미지를 파악하는 데 도움이 됩니다.

　　데이터 분석이란 데이터를 수집하여 문제를 해결하는 기술입니다. 어려운 계산은 Python에 맡기고 문제를 해결하는 방법에만 관심을 가지고 생각해 봅시다.

　　이 책으로 Python으로 손쉽고 편리한 데이터 분석을 경험하는 계기가 되었으면 합니다.

2020년 7월 좋은 날

모리 요시나오

차례

제1장 데이터 분석이란 뭘까?

제2장 수집한 데이터는 전처리가 필요

제3장 데이터 수집을 한 마디로 하면? : 대푯값

6

제6장 관계로 예측하자 : 회귀분석

이 책의 예제 테스트 환경

이 책의 샘플은 아래와 같은 환경에서 문제없이 작동할 수 있으므로 확인해 주십시오.

OS : macOS
OS 버전 : 10.14.5 (Mojave)
CPU : Intel Core i5
Python버전 : 3.7.4
각종 라이브러리와 버전
   pip : 20.0.2
   pandas : 1.0.1
   numpy : 1.18.1
   matplotlib : 3.1.1
   seaborn : 0.10.0
   scipy : 1.4.1

OS : Windows
OS 버전 : 10 Pro 버전 1809
CPU : Intel core i7
Python 버전 : 3.7.4
각종 라이브러리와 버전
   pip : 20.0.2
   pandas : 1.0.1
   numpy : 1.18.1
   matplotlib : 3.1.1
   seaborn : 0.10.0
   scipy : 1.4.1

이 책의 대상 독자와 2학년 시리즈에 대해

이 책의 대상 독자

이 책은 데이터 분석과 관련한 업무에 종사하는 사람을 위한 입문서이다. 대화 형식으로 데이터 분석에 대한 구조를 이해할 수 있다.

- **Python의 기본문법은 알고 있는 사람(《Python 1학년》을 다 읽은 분)**
- **데이터 분석 초보자**

2학년 시리즈에 대해

2학년 시리즈는 1학년 시리즈를 마친 사람을 대상으로 한 입문서이다. 어느 정도 기술적인 내용을 담았으므로 이 책에서 다루는 기술을 습득할 수 있다. 간단히 정리하면 다음의 세 가지 특징이 있다.

포인트 ① **기초지식을 알 수 있다**

장의 서두에는 만화와 일러스트를 통해 각 장에서 배울 내용에 알아본다. 서두 이후에는 일러스트를 섞어가면서 기초지식에 대해 설명한다.

포인트 ② **프로그램의 구조를 알 수 있다**

최소한 꼭 필요한 문법을 골라 설명했다. 학습 도중에 차질이 생기지 않도록 대화를 중심으로 이해하기 쉽게 설명했다.

포인트 ③ **개발 체험을 할 수 있다**

처음으로 데이터 분석을 배우는 분들이 즐겁게 학습할 수 있도록 개발한 샘플이 준비되어 있다.

선생님

유미

이 책을 보는 법

이 책은 처음 시작하는 사람들도 안심하고 데이터 분석의 세계에 뛰어들어 배울 수 있도록 다양한 방법을 제시한다.

선생님과 유미가 등장하는 만화로 각 장의 개요를 설명

각 장에서 무엇을 배우는지 만화로 설명한다.

이 장에서 구체적으로 배울 내용을 한눈에 알 수 있다

해당하는 장에서 배우는 내용을 일러스트로 알기 쉽게 소개하고 있다.

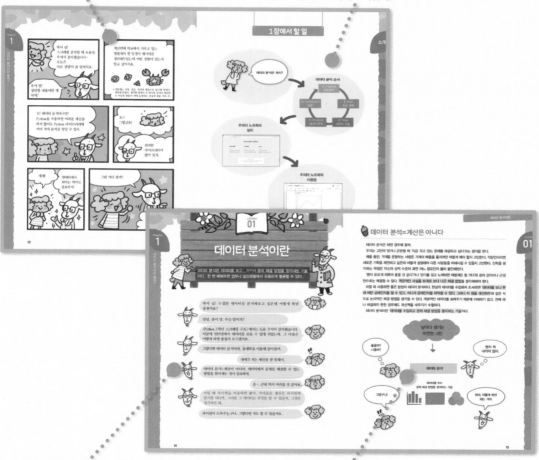

대화 형식으로 설명

선생님과 유미의 대화 형식으로 개요와 샘플에 대해 설명한다.

일러스트로 설명

어려운 표현과 설명 대신 일러스트를 많이 이용하여 쉽게 설명한다.

예제 프로그램 시험 환경과 예제 파일

이 책의 예제는 다음과 같은 환경에서 문제 없이 동작하는 것을 확인했습니다.

예제 시험 환경

운영 체제 : Windows 10, MacOS 사파리

파이썬 : 3.7

예제 파일 다운로드

이 책에서 사용하는 예제 파일은 아래 웹사이트에서 내려받을 수 있습니다.

URL ㈜성안당 홈페이지(www.cyber.co.kr)에서 간단한 회원 가입 후 [자료실] − [자료실 바로가기]를 선택하고 검색창에 '2학년' 검색

면책 사항

예제 파일에 문제가 없는 것을 편집부 및 저자가 확인했지만, 사용 결과 어떤 손해가 발생하더라도 저자 및 주식회사 쇼에이샤는 아무런 책임을 지지 않습니다. 모두 본인의 책임 아래 사용해 주십시오.

2020년 7월

주식회사 쇼에이샤 편집부

이 책의 내용에 관한 문의

이 책에 관한 질문, 정오표는 아래 웹사이트를 참조하세요.

원서 정오표 www.shoeisha.co.jp/book/download/9784798164960

번역판 정오표 www.cyber.co.kr(회원 가입 후) 자료실−정오표 바로가기−(검색창)에 '파이썬' 입력

원서 간행물 Q&A www.shoeisha.co.jp/book/qa

번역판 문의사항 www.cyber.co.kr(회원 가입 후) 1:1 게시판 또는 nahrcho@naver.com

※ 이 책에 기재된 URL 등은 예고 없이 변경될 수 있습니다.

※ 이 책을 출판할 때 정확하게 기술하도록 힘썼지만, 저자와 출판사 모두 내용에 관해 아무런 보증을 하지 않으며, 내용이나 예제 및 다운로드 파일을 기반으로 한 어떠한 운용 결과에 대해서도 일절 책임지지 않습니다.

※ 이 책에 기재된 예제 프로그램과 스크립트 및 실행 결과를 기술한 화면 이미지 등은 특정 설정을 바탕으로 한 환경에서 재현되는 하나의 예입니다.

※ 이 책에 나오는 회사명과 제품명은 각사의 상표 및 등록 상표입니다.

※ 이 책의 내용은 2020년 7월 시점의 정보를 바탕으로 집필됐습니다.

제1장

데이터 분석이란 뭘까?

1장에서 할 일

데이터 분석은 뭐지?

데이터 분석 순서

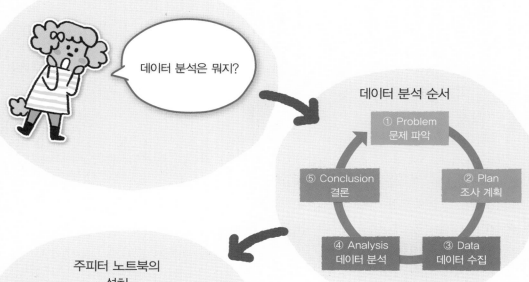

① Problem
문제 파악

② Plan
조사 계획

③ Data
데이터 수집

④ Analysis
데이터 분석

⑤ Conclusion
결론

주피터 노트북의 설치

주피터 노트북의 사용법

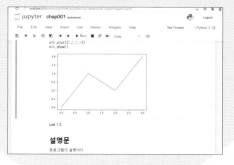

데이터 분석이란

데이터 분석은 데이터를 보고, 거기서 문제 해결 방법을 찾아내는 기술이다. 한 번 배워두면 업무나 일상생활에서 유용하게 활용할 수 있다.

박사 님! 수집한 데이터를 분석해보고 싶은데 어떻게 하면 좋을까요?

안녕, 유미 양. 무슨 말이지?

〈Python 2학년 스크래핑 구조〉에서는 도움 주셔서 감사했습니다. 덕분에 인터넷에서 데이터를 모을 수 있게 되었는데, 그 다음은 어떻게 하면 좋을지 모르겠어요.

그렇다면 데이터 분석이네. 통계학을 이용해 알아볼까.

네에?! 저는 계산을 잘 못해서.

데이터 분석=계산이 아니야. 데이터에서 문제를 해결할 수 있는 방법을 찾아내는 것이 중요하지.

음~. 근데 역시 어려울 것 같아요.

이럴 때 파이썬을 이용하면 좋아. 까다로운 계산은 파이썬에 맡기면 되니까. 그러면 그 데이터로 무엇을 할 수 있을지, 그것만 생각하면 돼.

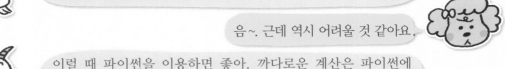

파이썬이 도와주는구나. 그렇다면 저도 할 수 있을까요.

데이터 분석=계산은 아니다

데이터 분석은 어떤 경우에 할까.

우리는 고민이 있거나 곤란할 때 '지금 겪고 있는 문제를 해결하고 싶다'라는 생각을 한다.

예를 들면, 가게를 운영하는 사람은 가게의 매출을 올리려면 어떻게 해야 할지 고민한다. 직장인이라면 새로운 기획을 제안하고 싶은데 어떻게 설명해야 다른 사람들을 이해시킬 수 있을지 고민한다. 진학을 생각하는 학생은 자신의 성적 수준이 과연 어느 정도인지 몰라 불안해한다.

'왠지 모르게 이쪽이 좋을 것 같다'거나 '끈기를 갖고 노력하면 어떻게든 될 거다'와 같이 감각이나 근성만으로는 해결할 수 없다. 객관적인 사실을 토대로 보다 나은 해결 방법을 생각해봐야 한다.

이럴 때 사용하면 좋은 방법이 데이터 분석이다. 현실의 데이터를 수집해서 조사하면 '데이터를 보니 현재 어떤 상태인지를 알 수 있고, 어디가 문제인지를 파악할 수 있다. 그러니 이 점을 개선하자'와 같은 식으로 논리적인 해결 방법을 생각할 수 있다. 객관적인 데이터를 보여주기 때문에 이해하기 쉽고, 만에 하나 해결하지 못한 경우에도 개선책을 세우기가 수월하다.

데이터 분석이란 '데이터를 수집하고 문제 해결 방법을 생각하는 기술'이다.

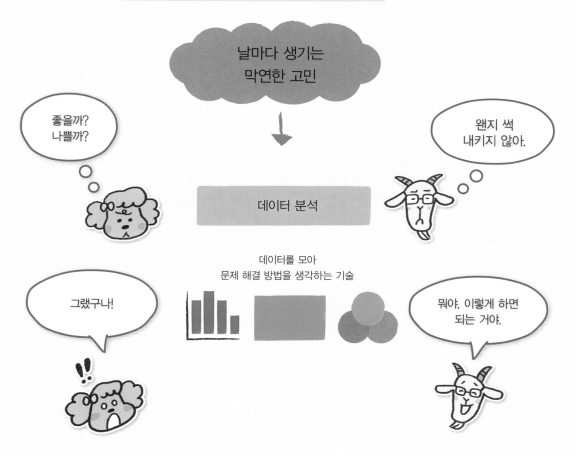

데이터를 분석할 때는 데이터를 대량으로 다룬다. 그러나 인간의 능력에는 한계가 있기 때문에 대량의 데이터를 단순히 보기만 해서는 좀처럼 이해가 되지 않는다. 그럴 때 인간을 돕기 위해 등장한 것이 통계학이다. 통계학이란 한마디로 대량의 데이터로부터 공통된 경향을 찾아내, 법칙을 발견하는 기술이다. 즉, 많은 양의 데이터를 통해서 특징을 발견하고, 현재 어떤 상태인지를 이해하고, 나아가 그 법칙을 통해 향후에 어떻게 될지를 예측할 수 있다. 다만, 그러려면 어려운 계산식이 사용되기도 하므로 데이터 분석=어려운 계산이라고 단정짓는 것 같다.

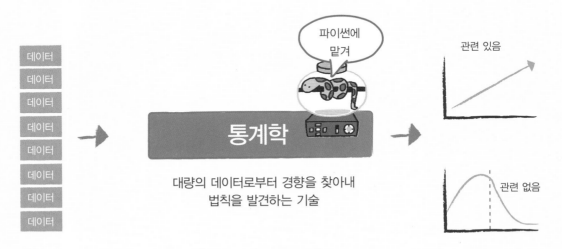

대량의 데이터로부터 경향을 찾아내
법칙을 발견하는 기술

하지만 통계학에서 사용되는 계산식은 확립되어 있기 때문에 일일이 손으로 계산할 필요는 없다. 대부분의 계산은 사람 대신 엑셀이 처리하며 프로그래밍 언어에는 통계 라이브러리가 많이 준비되어 있다. 특히 파이썬은 데이터 분석에 능숙하기 때문에 통계 처리나 그래프 표시 라이브러리가 충실하다.

계산이 서툴러도 파이썬 라이브러리를 이용하면 데이터를 분석할 수 있다. 중요한 것은 어떤 데이터를 넣으면 어떤 처리를 해서 어떤 결과가 나오는지, 그 의미를 이해하는 것이다.

때문에 이 책에서는 계산식을 사용한 수 계산을 하지 않고 파이썬 라이브러리를 사용해서 데이터 분석을 실시하는 방법에 대해서 설명하고자 한다.

데이터 분석에 필요한 것은 계산식을 풀어내는 능력이 아니라 데이터를 보고 추리하는 능력과 분석 결과를 사용하여 설명하는 능력이다.

데이터 분석 과정:
PPDAC 사이클

데이터 분석 과정 중에서 알기 쉽고 사용하기 쉬운 PPCAC 사이클에 대
하여 알아보자.

데이터 분석에는 과정이 있지.

과정요?

무턱대고 적당한 데이터를 가지고 와서 분석한다고 해서 좋은 결과
가 나오지 않을 거라는 것은 예상할 수 있겠지.

네. 제대로 생각해야 할 것 같긴 한데, 어떻게 해야 할지는 잘 모르
겠어요.

그럴 때 과정을 이용하면 편리하지. 과정에 따라서 조금씩 생각하다
보면 분석이 가능하지.

다행이네요. 잘 모르는 저에게는 꼭 필요하겠는데요.

데이터 분석을 할 때 편리한 과정이 몇 가지 있다. 그중에서 실용적이고 누구나 사용하기 쉬운 PPDAC
사이클을 살펴보자. 초등학교 교과서에도 나와 있는 방법이다.

PDAC 사이클

① Problem [문제 파악]
② Plan [조사 계획]
③ Data [데이터 수집]
④ Analysis [데이터 분석]
⑤ Conclusion [결론]

피 피 디
에이 씨??

아래와 같이 5가지 과정에 따라 진행한다.

1. Problem [문제 파악] : 왜 분석을 하는가?

가장 먼저, 무엇이 문제이고 무엇 때문에 데이터를 분석하는지를 명확히 한다. 문제를 제대로 모른 채 데이터 분석을 해봐야 원하는 결과를 얻지 못하기 때문이다. 문제를 명확하게 규명하고 가설을 세운다. 그래야 무엇을 조사하면 되는지를 알 수 있다.

- 문제를 명확하게 규정한다 : 이 건은 무엇이 문제일까?
- 가설을 세운다 : 문제의 원인으로 어느 부분이 이상하다고 생각할 수 있을까?

2. Plan [조사 계획] : 어떻게 조사할 것인가?

다음은 어떤 데이터가 필요하고 어떤 방법으로 데이터를 수집하면 좋을지를 생각한다.

어느 부분이 이상한지에 대한 가설을 세웠다면, 그것을 조사하기 위해 구체적으로 어떤 데이터가 필요한지를 생각한다.

또한 그 데이터를 어떻게 수집할지도 생각한다. 설문조사를 할 것인지, 이미 있는 데이터 중에서 찾을 것인지 등 데이터를 입수할 수 있는 방법을 생각한다.

- 데이터를 상정한다 : 어떤 데이터가 필요할까?
- 수집 계획을 세운다 : 어떤 방법으로 데이터를 수집하면 좋을까?

3. Data [데이터 수집] : 데이터를 수집한다

조사 계획이 완료되면 데이터를 수집한다. 이제 필요한 데이터를 얻을 수 있다. 이때 컴퓨터에 입력을 해서 바로 분석할 수 있도록 준비한다.

- 데이터를 준비한다 : 컴퓨터에서 사용할 수 있는 데이터로 준비한다.
- 이 데이터로 괜찮은지 알아본다 : 데이터에 결함은 없는가?

4. Analysis [데이터 분석] : 데이터를 분석한다

드디어 데이터를 분석한다. 데이터를 요약하여 현재 어떤 상태인지를 이해하고 경향을 파악해 앞으로 어떻게 될 것인지 예측하거나, 이해하기 쉽도록 그래프화한다. 바로 이때 파이썬이 대활약한다. 명령만 실행하면 바로 결과를 낼 수 있다.

- 데이터를 요약하고 현황을 파악한다 : 대푯값, 표준편차
- 데이터의 경향이나 법칙을 살핀다 : 상관관계, 회귀분석

5. Conclusion [결론] : 결론을 생각한다

마지막으로 결론을 도출한다. 수집한 데이터를 보면 현재 어떤 상태인지를 알 수 있고 어디가 문제인지를 생각할 수 있다. 그러면 개선해야 할 사안이 보여 사람이 실행할 수 있는 결론까지 이끌어낼 수 있다. 바로 이 결론이 있기 때문에 실제로 문제를 해결하거나 남을 납득시킬 수도 있다.

그렇다고 5가지 과정으로 반드시 문제가 해결되는 것은 아니다. 잘 해결되지 않는 경우도 있다. 만약 그렇게 된다면 그때는 한 번 더 1. 문제 파악(Problem)으로 돌아가서 무엇이 잘못됐는지를 깊이 생각한다.

이렇게 루프해서 진행하는 것을 PPDAC 사이클(Problem, Plan, Data, Analysis, Conclusion)이라고 한다. 데이터 분석은 PPDAC 사이클로 진행해서 문제를 해결하는 수법이다.

① Problem (문제 파악)
② Plan (조사 계획)
③ Data (데이터 수집)
④ Analysis (데이터 분석)
⑤ Conclusion (결론)

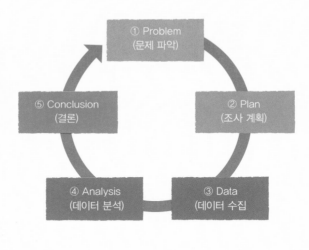

LESSON 03

주피터 노트북을 설치하자

데이터를 분석하기 위해 컴퓨터에 주피터 노트북(Jupyter Notebook)을 설치하자. Windows 버전과 macOS 버전이 있다.

자, 먼저 컴퓨터에 주피터 노트북을 설치해볼까?

네? 제 컴퓨터에는 이미 파이썬이랑 IDLE(아이들)이 깔려 있는데요.

IDLE은 프로그램 파일을 완성해서 실행시키는 데 적합하지만 주피터 노트북은 프로그램을 조금씩 입력해서 실행시키는 데 적합하지.

조금씩 실행?

실행하면서 틀렸다 싶으면 다시 고칠 수 있어. 시행착오를 겪으면서 진행할 수 있지.

그렇군요.

'프로그램, 실행 결과, 프로그램, 실행 결과'와 같이 차례로 표시되니까 분석 처리의 흐름을 알기 쉽고 도중에 설명문을 써 넣을 수도 있지. 데이터 분석에 안성맞춤이야.

주피터 노트북은 파이썬을 실행할 수 있는 노트인 거군요.

주피터 노트북은 프로그램 및 실행 과정과 메모를 노트처럼 적어서 남길 수 있는 애플리케이션이다. 애플리케이션을 시작할 때는 아나콘다 내비게이터(Anaconda Navigator)를 사용하지만, 실제로 입력하거나 표시할 때는 브라우저를 사용한다.

Windows에 설치하는 방법

주피터 노트북은 아나콘다 내비게이터에서 시작하여 작동한다. 그러므로 아나콘다 내비게이터를 Windows에 설치한다. 다음과 같은 순서로 실행한다.

① 아나콘다 인스톨러를 다운로드한다.

우선 아나콘다 사이트에서 인스톨러를 다운로드한다.

Windows에서 다운로드 페이지에 접속하여 ❶ 아래로 스크롤한다. Windows → Python 3.x의 ❷ [Graphical Installer]를 클릭한다. [64-Bit] 버전과 [32-Bit] 버전 중 어느 쪽을 설치할지는 [시작] → [설정] → [시스템] → [버전 정보]의 '시스템 종류'에서 확인한다.

〈아나콘다 다운로드 페이지〉

https://www.anaconda.com/products/individual

※ 위의 브라우저는 마이크로소프트 에지(Microsoft Edge)를 이용했다.

아나콘다라고 하는구나.

② 인스톨러를 실행한다

화면 하단의 표시가 바뀌면 ❶ [열기] 버튼을 클릭하여 인스톨러를 실행한다.

③ 인스톨러 항목을 체크한다

인스톨러 시작 화면이 나타난다. 각 화면의 ❶ [Next >] ❷ [I Agree] ❸ [Next >] ❹ [Next >] ❺ [Install]의 각 버튼을 클릭하고 설치를 진행한다.

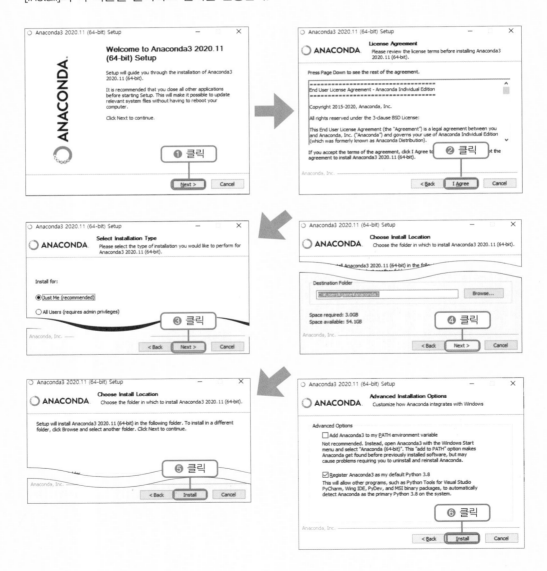

④ 인스톨러를 종료한다.

설치가 완료되면 Completed라고 표시된다. ❶ [Next >] 버튼을 클릭하고 ❷ [Finish] 버튼을 클릭하여 인스톨러를 완료한다.

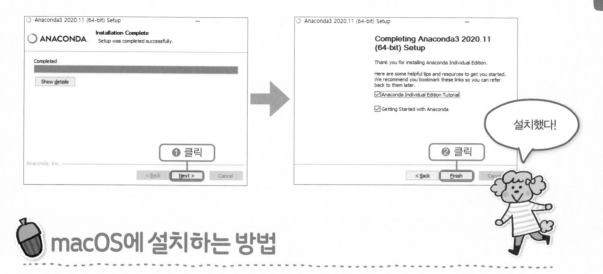

🪣 macOS에 설치하는 방법

주피터 노트북은 아나콘다 내비게이터에서 시작하여 작동한다. 따라서 아나콘다 내비게이터를 macOS에 설치한다. 다음과 같은 순서로 실행한다.

① 아나콘다 인스톨러를 다운로드한다

우선 아나콘다 사이트에서 인스톨러를 다운로드한다.

macOS에서 다운로드 페이지에 접속하여 ❶ 아래로 스크롤한다. [MacOS] → [Python 3.x]의 ❷ [64-Bit Graphical Installer]를 클릭한다.

〈아나콘다 다운로드 페이지〉

https://www.anaconda.com/products/individual

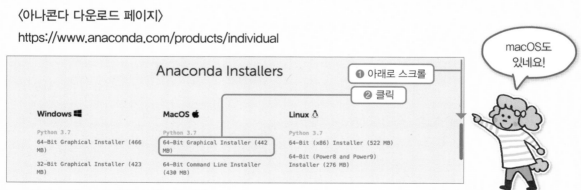

※ 위의 브라우저는 사파리(Safari)를 이용했다.

② 인스톨러를 실행한다

다운로드한 인스톨러 ❶ [Anaconda3-20xx.x.pkg]를 더블클릭하여 실행한다.

❶ 더블클릭

Anaconda3-2020.
11-Mac...6_64.pkg
456.5 MB

③ 설치를 진행한다

시작하기 → 중요 정보 → 소프트웨어 사용권 계약의 화면에서 ❶❷❸ [계속] 버튼을 클릭하고 '동의' 대화상자에서 ❹ [동의]를 클릭한다. ❺ [계속] 버튼을 클릭한다.

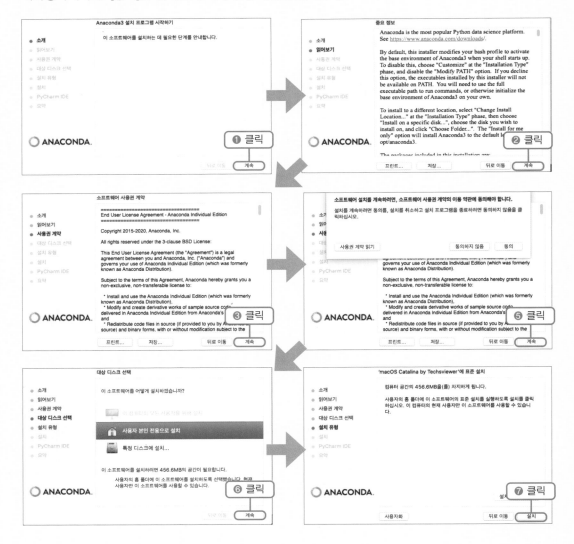

4 macOS에 설치한다

❶ '사용자 본인 전용으로 설치'를 선택하여 ❷ [Install] 버튼을 클릭하고 ❸ [Next>] 버튼을 클릭해서 설치한다.

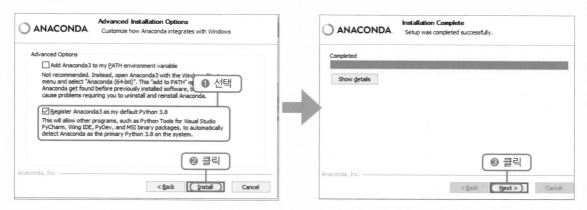

5 인스톨러를 종료한다

잠시 후 '설치가 성공적으로 완료되었습니다'라고 표시된다. ❶ [Finish] 버튼을 클릭하고 인스톨러를 종료한다.

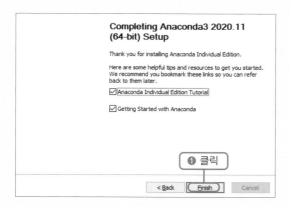

주피터 노트북 사용법

주피터 노트북을 시작해서 간단한 파이썬 프로그램을 실행하자.

🌰 주피터 노트북을 실행하자

주피터 노트북을 사용하려면 우선 아나콘다 내비게이터를 실행해서 시작한다.

①-1 Windows에서는 시작 메뉴에서 실행한다.

❶ [시작]을 클릭하고 ❷ [Anadonda3] → ❸ [아나콘다 내비게이터]를 선택한다.

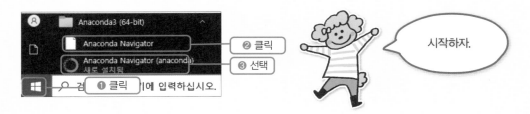

시작하자.

①-2 macOS에서는 애플리케이션 폴더에서 실행한다

[애플리케이션] 폴더 안의 ❶ [아나콘다 내비게이터.app]을 더블클릭한다.

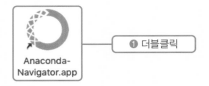

② 주피터 노트북을 실행한다

주피터 노트북이 실행되면 ❶ [Home]이 선택되어 있는지 확인하고, 주피터 노트북의 ❷ [Launch] 버튼을 클릭한다. 그러면 [브라우저]※가 열려 주피터 노트북 화면이 표시된다.

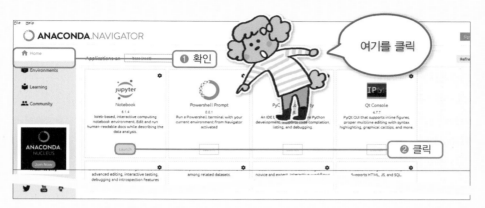

※ 디폴트로 설정되어 있는 브라우저가 실행된다. 이 책에서는 Windows10의 경우 마이크로소프트 에지를 이용했다. macOS의 경우는 사파리를 이용했다.

③ 작업을 실시할 폴더를 선택한다

주피터 노트북 화면에는 이용하고 있는 컴퓨터의 사용자 폴더가 표시된다.

전용 폴더를 만들어 파일을 생성한다. 이미 폴더가 있는 경우는 그것을 선택한다.

폴더는 주피터 노트북에서도 만들 수 있다. 우측 상단의 ❶ [New▼] 메뉴에서 ❷ [Folder]를 선택하면 [Untitled Folder]라는 폴더가 만들어진다.

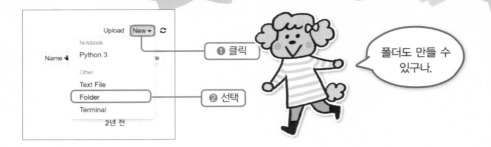

폴더명을 변경하고 싶은 경우는 'Untitled Folder' 왼쪽의 ❸ 체크박스를 선택하여 체크하고 왼쪽 상단에 있는 ❹ [Rename]을 클릭하면 대화상자가 나타난다. 여기서 폴더명을 ❺ 'JupyterNotebook'과 같이 알기 쉬운 이름으로 변경한다. 변경했으면 ❻ [Rename]을 클릭한다.

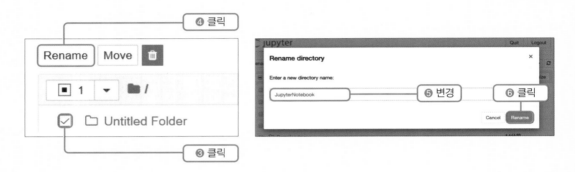

완성된 ❼ '폴더명'을 클릭하면 ❽ 브라우저상에 폴더가 열린다.

④ 파이썬 3의 신규 노트북을 만든다

폴더 안은 비어 있으므로 새로운 파이썬 노트북을 만들자.

우측 상단의 ❶ [New▼] 메뉴에서 ❷ [Phyton 3]을 선택하면 ❸ Phyton 3의 신규 노트북이 만들어져 나타난다. 이 페이지에 프로그램을 적어 실행시켜 나간다.

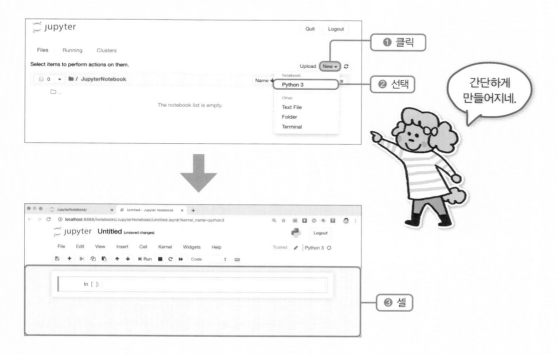

새로 만든 노트북은 'Untitled'라는 이름으로 되어 있다. 파일명을 변경하고 싶을 때는 화면 상단의 ❶ 'Untitled'를 클릭하면 대화상자가 나타나므로 ❷ 변경한다. 여기서는 이름을 그대로 사용했다. 변경했다면 ❸ [Rename]을 클릭한다.

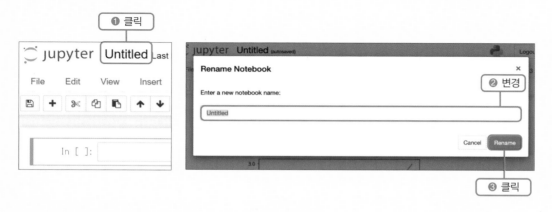

프로그램을 입력하고 실행해보자

① 셀에 프로그램을 입력한다

'In [ ]:'라고 적힌 사각형 박스가 셀이다. 여기에 파이썬 프로그램을 입력한다. ❶ print("Hello")라고
입력하자(리스트 1.1).

[입력 프로그램] 리스트 1.1

```
print("Hello")
```

② 셀을 실행한다

바로 위의 ❶ [Run] 버튼을 클릭하면 '선택된 셀'이 실행되고 ❷ 바로 아래에 결과가 표시된다(메뉴에
서 [Cell] → [Run Cells]를 선택하거나 [Shift] 키(macOS의 경우, [Ctrl] 키)를 누르면서 [Enter] 키를 눌
러도 실행된다).

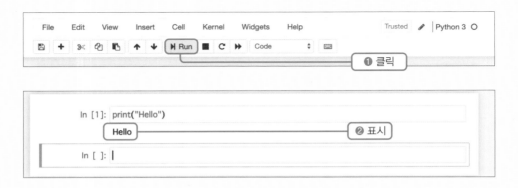

'In [ ]:' 이 'In [1]:'으로 바뀐다. 이 번호는 이 페이지가 열리고 나서 셀이 몇 번째로 실행되었는지를 나
타내며 실행할 때마다 늘어난다.

 노트북 종료 방법

① 노트북을 종료한다

노트북을 종료하려면 메뉴에서 ❶ [File] → ❷ [Save And Checkpoint]를 선택(또는 [Save] 버튼을 클릭)한 후, 메뉴에서 ❸ [File] →❹ [Close and Halt]를 선택한다.

② 주피터 노트북 화면을 종료한다

노트북을 종료했으나 아직 주피터 노트북 화면이 남아 있다. 완전히 종료하려면 주피터 노트북 우측 상단의 ❶ [Quit] 버튼을 클릭한다.

그러면 ❷ 'Server stopped'라고 표시되므로 브라우저를 닫는다.

라이브러리를 간단하게 설치한다

아나콘다 내비게이터에서는 라이브러리를 간단하게 설치할 수 있다. 이 책에서는 여러 개의 라이브러리를 사용하기 때문에 설치해둔다. pandas, Numpy, matplotlib, seaborn, scipy를 설치한다. 최근 아나콘다에는 미리 설치된 경우도 있다. [Environments]의 [Search Packages]에 라이브러리명을 입력하여 발견되면 설치 작업을 하지 않아도 된다.

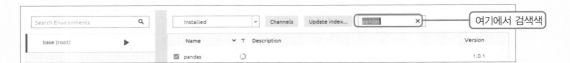

① Environments를 선택한다.

아나콘다 내비게이터에서 ❶ [Environments]를 선택한다.

라이브러리도
간단하게 추가할
수 있지.

② pandas(판다스)를 설치한다

❶ [All]을 선택하고 검색창에 ❷ 'pandas'라고 입력하면 'pandas' 항목이 표시된다.[*1] 체크를 하고 우측 하단의 ❸ [Apply] 버튼을 클릭해서 나타난 확인 대화상자에서도 ❹ [Apply] 버튼을 클릭하면 설치된다.

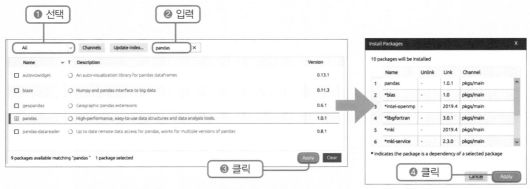

*1 만약 입력해도 나타나지 않으면 [Update index...] 버튼을 클릭하기 바란다.

③ NumPy(넘파이)를 설치한다

pandas를 설치하면 numpy도 자동으로 설치되는 경우가 있다. 검색창에서 'numpy'라고 입력해서 'numpy'에 체크가 되어 있지 않으면 체크하고 [Apply] 버튼을 클릭한다. 나타난 확인 대화상자에서도 [Apply] 버튼을 클릭하면 설치된다.

④ matplotlib(맷플롯립)을 설치한다

마찬가지로 검색창에서 'matplotlib'이라고 입력해서 'matplotlib'에 체크를 하고 [Apply] 버튼을 클릭한다. 나타나는 확인 대화상자에서도 [Apply] 버튼을 클릭하면 설치된다.

⑤ seaborn(시본)을 설치한다

seaborn을 설치하면 scipy도 자동으로 설치되는 경우가 있다. 'scipy'에 체크가 되어 있지 않으면 체크하고, [Apply] 버튼을 클릭한다. 나타난 확인 대화상자에도 [Apply] 버튼을 클릭하면 설치가 완료된다.

⑥ scipy(사이파이)를 설치한다

seaborn을 설치하면 scipy도 자동으로 설치되는 경우가 있다. 'scipy'에 체크가 되어 있지 않으면 체크하고, [Apply] 버튼을 클릭한다. 나타난 확인 대화상자에도 [Apply] 버튼을 클릭하면 설치가 완료된다.

그래프를 표시하거나 설명문을 추가해보자

① 주피터 노트북을 시작한다

방금 저장한 노트북을 열어보자. 우선 Anaconda Navigator에서 ❶ [Home]을 체크하고, 주피터 노트북의 ❷ [Launch] 버튼을 클릭한다.

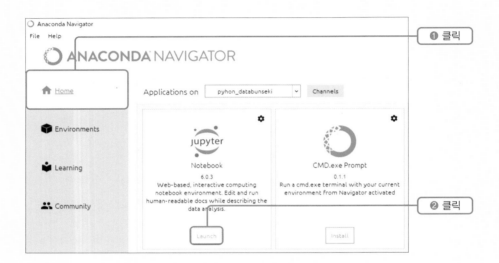

② 노트북을 연다

주피터 노트북 화면에서 폴더를 선택하면 저장한 노트북 (.ipynb)이 나타난다. ❶ 클릭하여 연다.

③ 셀을 추가한다

프로그램은 셀에 조금씩 적어 실행한다. 새로운 셀을 추가할 때는 메뉴에서 ❶ [+] 버튼을 클릭한다. ❷ 그러면 새로운 셀이 추가된다. 다른 방법으로 셀을 선택한 상태에서 Windows에서는 (Alt)+(Enter) 키, macOS에서는 (Option)+(Enter) 키를 눌러도 추가된다.

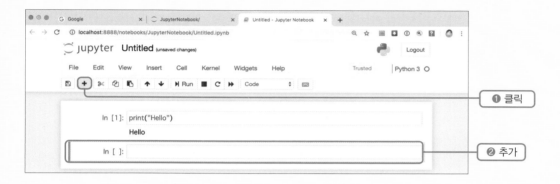

④ 그래프를 표시할 프로그램을 입력한다

여기에 그래프를 표시할 프로그램을 입력한다. 리스트 1.2와 같이 입력해보자.

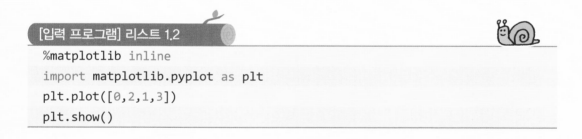

[입력 프로그램] 리스트 1.2

```
%matplotlib inline
import matplotlib.pyplot as plt
plt.plot([0,2,1,3])
plt.show()
```

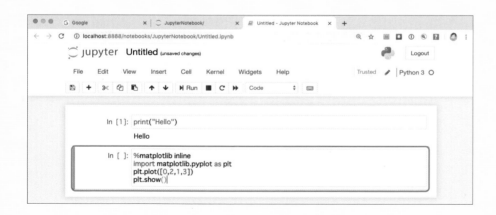

35

⑤ 셀을 실행한다

❶ [Run] 버튼을 클릭한다. 주피터 노트북상에 ❷ 꺾은선그래프가 표시된다.

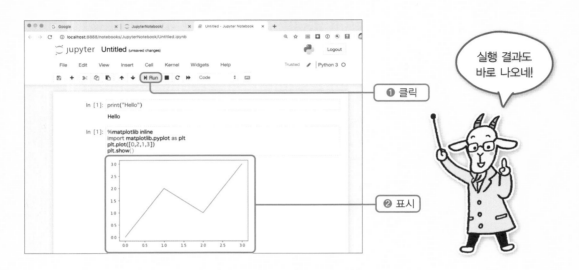

실행 결과도 바로 나오네!

❶ 클릭

❷ 표시

⑥ 설명문을 추가한다

셀에는 파이썬 프로그램뿐만 아니라 설명문도 쓸 수 있다. 셀을 선택하고 [Run] 우측에 있는 [Code]를 ❶ [Markdown]으로 변경하면 설명문 모드가 된다. 마크다운 기법으로 ❷ 설명문을 입력할 수 있다(마크다운 기법이란 기호로 서식을 지정할 수 있는 텍스트 작성법이다). 예를 들어 리스트 1.3과 같이 입력해보자. 첫 번째 줄이 나오고 두 번째 줄이 본문의 설명문이다.

[입력 프로그램] 리스트 1.3

##설명문 ──────────────── 주석

프로그램 설명이다. ──────────── 본문의 설명문

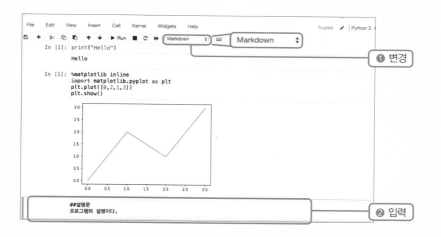

⑦ 셀을 실행한다

이 셀을 선택하고 ❶ [Run] 버튼을 클릭하면 ❷ 지정한 서식의 설명문이 표시된다(수정하고자 할 경우에는 더블클릭한다).

나중에 어느 장에서 배운 파일인지 알기 쉽도록 화면 상단의 ❸ [Untitled]를 클릭해서 Notebook의 이름을 ❹ [chap001]로 변경하고 ❺ [Rename] 버튼을 클릭해둔다.

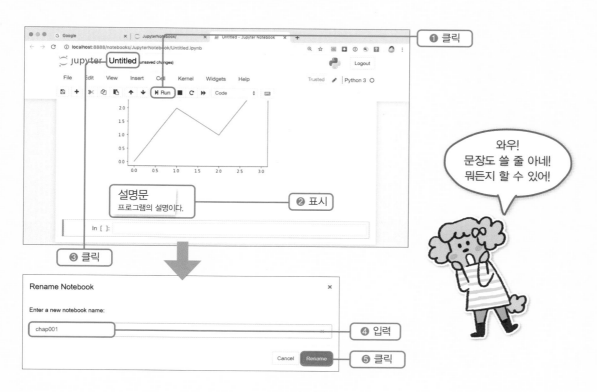

MEMO **주피터 노트북에서 Markdown 작성법**

Markdown에서는 기호를 쓰고 서식을 지정한다.

• 표제: 문장 앞에 '#' 예

```
# 표제 1
## 표제 2
### 표제 3
```

• 리스트 : 문장 앞에 '–' '+' 예

```
– 리스트
+ 리스트
```

• 인용 : 문장 앞에 '>' 예

```
> 인용
>> 이중인용
```

각 라이브러리 레퍼런스 페이지

• pandas DataFrame의 API 레퍼런스

https://pandas.pydata.org/pandas–docs/stable/reference/frame.html

• matplotlib의 pyplot API 레퍼런스

https://matplotlib.org/api/_as_gen/matplotlib.pyplot.html

• seaborn의 API 레퍼런스

https://seaborn.pydata.org/api.html

제 2 장

수집한 데이터는
전처리가 필요

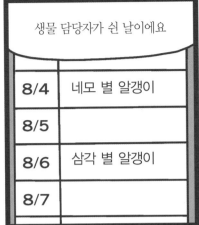

생물 담당자가 쉰 날이에요	
8/4	네모 별 알갱이
8/5	
8/6	삼각 별 알갱이
8/7	

2장에서 할 일

살펴보자!

표 데이터를 불러온다

우선은 불러오기!

	이름	국어	수학	영어	학생번호
0	가영	83	89	76	A001
1	나미	66	93	75	B001
2	다윤	100	84	96	B002
3	라희	60	73	40	A002
4	미선	92	62	84	C001
5	보민	96	92	94	C002

데이터를 대략적으로 살펴본다

열 데이터

	이름	국어	수학	영어	학생번호
0	가영	83	89	76	A001
1	나미	66	93	75	B001
2	다윤	100	84	96	B002
3	라희	60	73	40	A002
4	미선	92	62	84	C001
5	보민	96	92	94	C002

데이터 추가와 삭제

필요에 따라서 추가하거나 삭제하는 거지.

	국어
이름	
가영	83
나미	66
다윤	100
라희	60
미선	92
보민	96

	국어	학생번호	수학	영어
가영	83.0	A001	89.0	76.0

데이터 오류를 체크한다

오류가 있네!

	국어	수학
가영	90.0	80.0
나미	50.0	NaN
다윤	NaN	NaN
라희	40.0	50.0

표 데이터를 불러오자

pandas를 이용하여 CSV 파일을 데이터 프레임에 불러오는 방법을 설명한다.

우선은 수집한 데이터를 살펴보자.

왜요? 파이썬이 척척 알아서 분석해주잖아요.

이제 막 수집한 데이터는 필요한 데이터와 불필요한 데이터가 섞여 있지. 게다가 실제 데이터에는 입력에 실패한 데이터가 섞여 있는 경우가 있어.

그렇구나. 이상한 데이터가 들어 있으면 아무리 열심히 분석해도 이상한 결과만 나오겠네요.

데이터 분석 전에 체크하는 것을 전처리라고 하지. 그럼 해볼까.

내 차례인가?

표 데이터란?

데이터 분석은 기본적으로 표 데이터(테이블)를 사용한다. 표 데이터란 행과 열로 이루어진 데이터이다. 가로 방향으로 나열되어 있는 1행은 한 건의 데이터이다. 예를 들어 주소록 데이터라면 1인분, 구입 데이터라면 1품목분, 전국 인구 추이 데이터라면 1도분 등이 1건의 데이터이다. 행이나 레코드, 로우라고도 한다. '위에서 몇 행 째의 데이터일까' 등으로 살펴본다.

세로 방향으로 나열되어 있는 1열은 하나의 항목이다. 항목이란 1건의 데이터가 가지고 있는 여러 가지 요소의 종류를 말한다. 예를 들어 주소록 데이터의 경우 이름, 주소, 전화번호, 근무지, 생일 등이 각각의 항목이다. 열이나 칼럼으로 불린다. '왼쪽에서 몇 열째 항목일까'와 같은 식으로 살펴본다.

한 칸은 요소이다. 필드 또는 입력 항목이라고 한다. 엑셀(Excel)에서는 셀이라고 한다.

표 데이터는 맨 위에 항목명이 나열되어 있다(없는 경우도 있다). 그 열이 무슨 항목인지를 나타낸다. 이것을 헤더라고 한다.

표 데이터는 맨 왼쪽에 번호가 나열되어 있다(없는 경우도 있다). 그 행이 몇 번째 데이터인지를 나타내고 있다. 이것을 인덱스라고 한다.

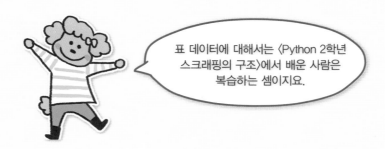

헤더(항목명)

	이름	국어	수학	영어	학생번호
0	가영	83	89	76	A001
1	나미	66	93	75	B001
2	다윤	100	84	96	B002
3	라희	60	73	40	A002
4	미선	92	62	84	C001
5	보민	96	92	94	C002

인덱스

기억해두자!

데이터 프레임을 만든다

　　표 데이터를 파이썬으로 다루려면 pandas(판다스)라고 하는 라이브러리를 사용한다.

　　표 데이터를 데이터 프레임에 넣으면 데이터의 추가, 삭제, 추출, 집계, 쓰기 등을 할 수 있다. 데이터 프레임이란 pandas가 제공하는 데이터 형태로 엑셀과 같이 행과 열로 데이터를 관리할 수 있다.

　　데이터 조작의 기본이므로 확실히 사용할 수 있도록 하자.

　　처음에 'import pandas as pd'라고 명령을 내리면 pandas를 pd라고 하는 생략명으로 다룰 수 있는데, '데이터 프레임=pd.DataFrame(data)' 등으로 지정해서 데이터 프레임을 만든다.

　　우선은, 행 데이터로 데이터 프레임을 만들어보자.

　　예를 들어 세 과목의 테스트 데이터가 있다고 했을 때, 가영은 60점, 65점, 66점, 나미는 80점, 85점, 88점, 다윤은 100점, 100점, 100점으로 1건 1건이 나열되어 있는 데이터를 입력할 때 만드는 방법이다.

서식 : 행 데이터로 데이터 프레임을 만든다

```
data = [[1행째 데이터],[2행째 데이터],[3행째 데이터]]
데이터 프레임 = pd.DataFrame(data)
```

　　주피터 노트북의 셀에 파이썬 프로그램을 입력하자. 주피터 노트북에서는 데이터 프레임명을 쓰면 내용이 표로 표시되므로 마지막에 df라고 써둔다. [Run] 버튼을 클릭하면 'Out[1]:'에 결과가 표시된다(리스트 2.1).

[입력 프로그램] 리스트 2.1

```python
import pandas as pd
data = [
    [60,65,66],
    [80,85,88],
    [100,100,100]
]
df = pd.DataFrame(data)
df
```

LESSON
05

주피터 노트북에서는
코드 셀을 실행하면 바로 아래에
실행 결과가 나온다고
1장에서도 설명했죠!

출력 결과

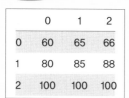

	0	1	2
0	60	65	66
1	80	85	88
2	100	100	100

각 열 위에는 칼럼 번호(0, 1, 2)가 붙어 있고 각 행의 왼쪽에도 인덱스 번호(0, 1, 2)가 자동으로 붙어 있다. 이 상태로는 어떤 데이터인지 알 수 없기 때문에 열명(칼럼명)과 인덱스명을 설정한다(리스트 2.2).

서식 : 데이터 프레임에 열명(칼럼명)과 인덱스명을 설정한다

데이터 프레임.columns = [열명 리스트]
데이터 프레임.index = [인덱스명 리스트]

[입력 프로그램] 리스트 2.2

```python
df.columns=["국어", "수학", "영어"]
df.index=["가영", "나미", "다윤"]
df
```

출력 결과

	국어	수학	영어
가영	60	65	66
나미	80	85	88
다윤	100	100	100

데이터 프레임을 만들 때 처음부터 행 데이터 및 열명과 인덱스명을 설정해서 만드는 방법도 있다(리스트 2.3).

[입력 프로그램] 리스트 2.3

```python
import pandas as pd
data = [
    [60,65,66],
    [80,85,88],
    [100,100,100]
]
col = ["국어", "수학", "영어"]
idx =  ["가영", "나미", "다윤"]
df = pd.DataFrame(data,  columns=col, index=idx)
df
```

출력 결과

	국어	수학	영어
가영	60	65	66
나미	80	85	88
다윤	100	100	100

세 과목의 테스트 데이터가 '국어는 60점, 80점, 100점', '수학은 65점, 85점, 100점', '영어는 66점, 88점, 100점'이라고 1열 1열 배열되어 있는 데이터도 있다. 이럴 때는 열 데이터로 데이터 프레임을 만든다(리스트 2.4).

서식 : 열 데이터로 데이터 프레임을 만든다

```
data = {"열명":[열 데이터], "열명":[열 데이터], "열명":[열 데이터]}
idx = [인덱스명 리스트]
데이터 프레임 = pd.DataFrame(data, index=idx)
```

[입력 프로그램] 리스트 2.4

```
import pandas as pd
data = {
    "국어" : [60,80,100],
    "수학" : [65,85,100],
    "영어" : [66,88,100]
}
idx = ["가영", "나미", "다윤"]
df = pd.DataFrame(data, index=idx)
df
```

출력 결과

	국어	수학	영어
가영	60	65	66
나미	80	85	88
다윤	100	100	100

 # 외부 데이터 파일을 준비한다

이처럼 데이터를 프로그램 내에 쓰면 바로 시도할 수 있어 편리하지만 데이터 양이 많아지면 곤란하다. 그래서 외부에 준비된 데이터 파일(CSV 파일)을 가져와 데이터 프레임을 만드는 방법을 알아본다.

주피터 노트북에서는 읽어들일 데이터 파일은 노트북 파일과 같은 주피터 노트북 폴더에 둔다. 주피터 노트북의 폴더가 어디에 있는지 모르면 주피터 노트북 화면을 사용한다. 우측 상단의 ❶ [Upload] 버튼을 클릭하면 파일명을 물어보므로 ❷ 사용할 CSV 파일을 선택한다.

그러면 확인용 [Upload] 버튼과 [Cancel] 버튼이 표시되므로, 여기서도 ❶ [Upload] 버튼을 클릭한다. 그러면 ❷ 파일이 복사된다.

데이터 파일을 불러온다

우선 샘플 파일의 'test.csv(UTF−8 형식)'을 업로드해서 읽어들인다. 이것은 첫 번째 행이 헤더로 되어 있는 파일이다(샘플 파일).

[샘플 파일] (test.csv)

```
이름, 국어, 수학, 영어, 학생번호
가영,83,89,76,A001
나미,66,93,75,B001
다윤,100,84,96,B002
라희,60,73,40,A002
미선,92,62,84,C001
보민,96,92,94,C002
```

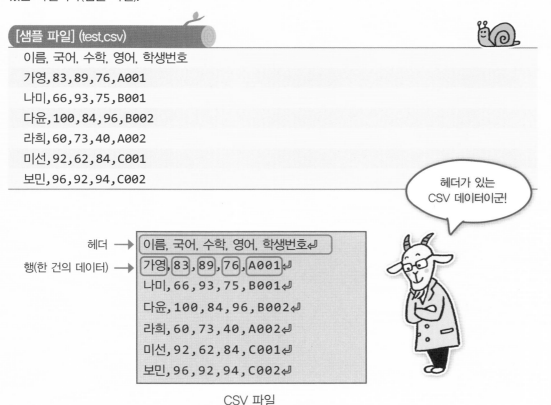

헤더가 있는
CSV 데이터이군!

헤더 →
행(한 건의 데이터) →

CSV 파일

※↵는 반환 기호이다.

이때 주의할 점이 있다. 일반적인 CSV 파일은 각 제작자마다 데이터 형식이 다르므로 미리 어떤 형식의 데이터인지를 조사하고 그 형식에 맞춰 불러들여야 한다.

한국어 데이터의 경우, UTF-8 형식인지 EUC-KR 형식인지를 알아본다. 파일 형식이 UTF-8 형식인 경우는 'pd.read_csv(" 파일명 .csv")' 라고 하는 명령을 사용한다 (리스트 2.5).

서식 : CSV 파일 (UTF-8 형식)을 불러온다

```
DataFrame = pd.read_csv("파일명. csv")
```

[입력 프로그램] 리스트 2.5

```
import pandas as pd
df = pd.read_csv("test.csv")
df
```

출력 결과

	이름	국어	수학	영어	학생번호
0	가영	83	89	76	A001
1	나미	66	93	75	B001
2	다윤	100	84	96	B002
3	라희	60	73	40	A002
4	미선	92	62	84	C001
5	보민	96	92	94	C002

test.csv가 그대로 표가 됐네.

파일 형식이 EUC-KR 형식인 경우는, 'pd.read_csv("파일명.csv", encoding="EUC-KR")'라고 지정하여 불러온다. 샘플 파일의 'testEUCKR.csv'(EUC-KR 형식)을 업로드해서 불러온다(리스트 2.6).

서식 : CSV 파일(EUC-KR 형식)을 불러온다

```
DataFrame = pd.read_csv("파일명.csv", encoding="EUC-KR")
```

[입력 프로그램] 리스트 2.6

```
import pandas as pd
df = pd.read_csv("testEUC-KR.csv", encoding="EUC-KR")
df
```

출력 결과

	이름	국어	수학	영어	학생번호
0	가영	83	89	76	A001
1	나미	66	93	75	B001
2	다윤	100	84	96	B002
3	라희	60	73	40	A002
4	미선	92	62	84	C001
5	보민	96	92	94	C002

이건 EUC-KR 형식이네요.
잘못 불러오지 않도록
주의해야겠어요.

데이터의 첫 번째 열(0번째 열)을 인덱스로 사용하고 싶은 경우가 있다. 이때는 'index_col=0'이라고 지정하면 0번째 열을 인덱스로 사용할 수 있다(리스트 2.7).

서식 : CSV 파일(0번째 열을 인덱스)을 불러온다

```
DataFrame = pd.read_csv("파일명.csv", index_col=0)
```

[입력 프로그램] 리스트 2.7

```
import pandas as pd
df = pd.read_csv("test.csv", index_col=0)
df
```

첫 번째 열은
0번째 열이라고
하는구나.

출력 결과

	국어	수학	영어	학생번호
이름				
가영	83	89	76	A001
나미	66	93	75	B001
다윤	100	84	96	B002
라희	60	73	40	A002
미선	92	62	84	C001
보민	96	92	94	C002

이름이
인덱스가 됐네.

데이터에 따라서는 첫 번째 행에 열명을 나타내는 행(헤더)이 없는 경우가 있다. 그럴 때는 'header=-None'이라고 지정하여 불러온다. 샘플 파일의 'testNoHeader.csv'를 업로드해서 불러온다.

서식 : CSV 파일(헤더가 없다)을 불러온다

```
DataFrame = pd.read_csv("파일명.csv", header=None)
```

[입력 프로그램] 리스트 2.8

```
import pandas as pd
df = pd.read_csv("testNoHeader.csv", index_col=0, header=None)
df
```

출력 결과

	1	2	3	4
0				
가영	83	89	76	A001
나미	66	93	75	B001
다윤	100	84	96	B002
라희	60	73	40	A002
미선	92	62	84	C001
보민	96	92	94	C002

헤더가 없는
CSV 데이터군!

CSV 파일을 불러올 때의 포인트

CSV 파일을 불러올 때는 다음의 세 가지 포인트가 있다. 파일 상태에 따라 대처하자.

• 만약 EUC-KR가 사용되었다면 'encoding="EUC-KR"'를 추가한다
• 만약 0번째 열을 인덱스로 사용하려면 'index_col=0'을 추가한다
• 만약 헤더가 없으면 'header=None'을 추가한다

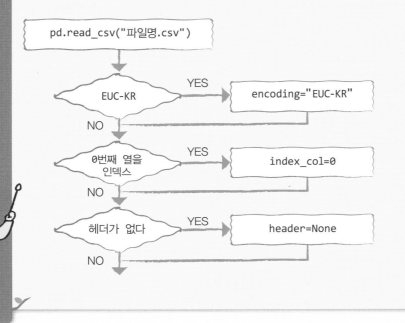

이제 CSV 데이터 불러오기는 문제없어요!

Chapter 2

수집한 데이터는 전처리가 필요

LESSON
06
데이터를 대략적으로 검토한다

다양한 각도에서 데이터를 검토하는 방법을 설명한다.

데이터를 읽었으면, 먼저 대략적으로 검토해봐야 해.

검토요?

데이터 분석 전에 데이터를 올바르게 불러왔는지를 확인하는 거지.

요리하기 전에 재료가 제대로 갖춰졌는지 확인하는 것처럼 말이죠.

 ## 데이터를 검토한다

우선 첫 5행만 확인해보자. 이 데이터는 원래 수가 적으므로 큰 변화는 없지만, 데이터가 대량으로 있을 때 편리한 기능이다(리스트 2.9).

[입력 프로그램] 리스트 2.9

```python
import pandas as pd
df = pd.read_csv("test.csv", index_col=0)
df.head()
```

출력 결과

	국어	수학	영어	학생번호
이름				
가영	83	89	76	A001
나미	66	93	75	B001
다윤	100	84	96	B002
라희	60	73	40	A002
미선	92	62	84	C001

딱 다섯 줄!

다음은 열명이 제대로 입력되었는지 확인하자(리스트 2.10).

[입력 프로그램] 리스트 2.10

```
df.columns
```

출력 결과

```
Index(['국어', '수학', '영어', '학생번호'], dtype='object')
```

※ 작은따옴표를 사용했는데, 이것도 문자열이다.

인덱스명도 확인하자(리스트 2.11).

[입력 프로그램] 리스트 2.11

```
df.index
```

출력 결과

```
Index(['가영', '나미', '다윤', '라희', '미선', '보민'], dtype='object', name='이름'
```

모두 'Index'라고 표시되어 있지만, 이것은 판다스(pandas)가 내부적으로 다루기 쉬운 형태이기 때문이다. 나열되어 있는 데이터에 주목하자. 만약 이것을 파이썬의 보통 리스트 데이터로 사용하고 싶을 때는 리스트 2.12와 같이 꺼내서 리스트로 변환할 수 있다.

[입력 프로그램] 리스트 2.12

```
# 열명을 리스트로 변환한다
list1 = [i for i in df.columns]
print(list1)

# 인덱스명을 리스트로 변환한다
list2 = [i for i in df.index]
print(list2)
```

출력 결과

```
['국어', '수학', '영어', '학생번호']
['가영', '나미', '다윤', '라희', '미선', '보민']
```

데이터는 올바르게 읽히고 있는 걸까. 각 열의 데이터 종류를 확인해보자(리스트 2.13).

[입력 프로그램] 리스트 2.13

```
df.dtypes
```

출력 결과

데이터 종류가 표시됐네.
낯익은 사람도
있지 않아?

```
국어          int64
수학          int64
영어          int64
학생번호        object
dtype: object
```

데이터의 종류에는 정수(int64), 소수(float64), 문자열형(object) 등이 있다. 이것을 보면 국어, 수학, 영어
는 정수, 학생번호는 문자열형임을 알 수 있다.

데이터는 모두 몇 개나 될까? 데이터의 개수(행수)를 확인해보자(리스트 2.14).

[입력 프로그램] 리스트 2.14

```
len(df)
```

출력 결과

```
6
```

데이터는 모두 6개인 것을 알 수 있다.

 ## 열 데이터를 추출한다

다음은 이 데이터 프레임 중에서 특정 데이터를 추출하는 방법에 대해서 알아보자. 우선 1열의 데이터를 추출하는 방법이다. 국어 데이터를 추출해보자(리스트 2.15).

서식 : 1열의 데이터를 추출한다

```
df["열명"]
```

[입력 프로그램] 리스트 2.15

```
df["국어"]
```

출력 결과

이름	
가영	83
나미	66
다윤	100
라희	60
미선	92

국어 성적만
나왔네!

57

```
보민        96
Name: 국어, dtype: int64
```

복수의 열 데이터도 추출할 수 있다. 국어와 수학 데이터를 추출해보자(리스트 2.16).

서식 : 복수의 열 데이터를 추출한다

```
df[["열명","열명"]]
```

[입력 프로그램] 리스트 2.16

```
df[["국어","수학"]]
```

출력 결과

열 데이터

	국어	수학
이름		
가영	83	89
나미	66	93
다윤	100	84
라희	60	73
미선	92	62
보민	96	92

	이름	국어	수학	영어	학생번호
0	가영	83	89	76	A001
1	나미	66	93	75	B001
2	다윤	100	84	96	B002
3	라희	60	73	40	A002
4	미선	92	62	84	C001
5	보민	96	92	94	C002

원래의 데이터와
비교해서 확인하면
알기 쉽지!

 행 데이터를 추출한다

다음은 1행의 데이터를 추출하는 방법이다. 0번째 행의 데이터를 추출해보자(리스트 2.17).

서식 : 1행의 데이터를 추출한다

```
df.iloc[행 번호]
```

※ 〈Python 2학년 스크래핑 구조〉에서는 df.loc[행 번호]로 지정할 수 있었지만, 위와 같은 이름의 열을 인덱스로 한 경우는 df.iloc[행 번호]로 지정한다.

[입력 프로그램] 리스트 2.17

```
df.iloc[0]
```

출력 결과

국어	83
수학	89
영어	76
학생번호	A001

Name:가영, dtype: object

이번에는 첫 번째 행의 데이터를 볼 수 있구나.

LESSON
06

가영의 행 데이터가 표시됐다. 복수의 행 데이터도 추출할 수 있다. 0번째 행과 3번째 행의 데이터를 추출해보자(리스트 2.18).

서식 : 복수의 행 데이터를 추출한다

```
df.iloc[[행 번호, 행 번호]]
```

[입력 프로그램] 리스트 2.18

```
df.iloc[[0,3]]
```

출력 결과

이름	국어	수학	영어	학생번호
가영	83	89	76	A001
라희	60	73	40	A002

요소 데이터를 추출한다

요소를 하나만 추출한다. 행 번호와 열명으로 지정한다(리스트 2.19).

서식 : 요소 데이터를 추출한다

```
df.iloc[행 번호]["열명"]
```

[입력 프로그램] 리스트 2.19

```
df.iloc[0]["국어"]
```

출력 결과

```
83
```

	이름	국어	수학	영어	학생번호
0	가영	83	89	76	A001
1	나미	66	93	75	B001
2	다윤	100	84	96	B002
3	라희	60	73	40	A002
4	미선	92	62	84	C001
5	보민	96	92	94	C002

요소 데이터

1열의 데이터와 1행의 데이터, 하나의 요소도 자유롭게 추출할 수 있어요!

데이터의 어디를 사용할까?

데이터를 추가하거나 삭제하여 가공하자.

데이터가 바르게 들어가 있는 것을 알았다면 다음은 그 데이터의 어디를 사용할지를 확인해야 해.

데이터의 어디를 사용한다는 게 무슨 뜻이에요?

데이터라는 것은 객관적인 수치의 덩어리이지만 데이터 분석을 하는 이유는 자신이 갖고 있는 문제를 해결하기 위해서지. 그러니까 객관적인 데이터 중에서 나의 문제 해결에 관련되는 부분은 어디인지를 생각할 필요가 있지.

그렇구나. 문제를 해결하는 데 직접 관련이 없는 부분을 아무리 애써 봐야 소용없으니까요.

그래서, 필요한 데이터만 추출해서 정리하거나 필요 없는 데이터를 삭제할 수도 있지. 깜박하고 관계없는 데이터를 참고하는 수고도 덜 수 있으니까.

열 데이터와 행 데이터를 추가한다

특정 열 데이터를 추출해서 다른 데이터 프레임에 추가할 수도 있다.

데이터가 들어 있는 데이터 프레임(dfA)과 빈 데이터 프레임(dfB)을 만들고 'dfA에서 국어의 열 데이터를 추출하여 dfB에 추가'해보자. 그러면 국어 열로만 이루어진 데이터 프레임이 만들어진다(리스트 2.20).

서식 : 빈 데이터 프레임을 만든다

데이터 프레임 = pd.DataFrame()

서식 : 열 데이터를 추가한다

데이터 프레임["새로운 열명"] = 열 데이터

[입력 프로그램] 리스트 2.20

```python
import pandas as pd
dfA = pd.read_csv("test.csv", index_col=0)

dfB = pd.DataFrame()
dfB["국어"] = dfA["국어"]
dfB
```

출력 결과

오! 국어 데이터
프레임이 만들어졌네~

이름	국어
가영	83
나미	66
다윤	100
라희	60
미선	92
보민	96

특정 행 데이터를 추출하여 다른 데이터 프레임에 추가할 수도 있다. 데이터가 들어 있는 데이터 프레임(dfA)과 빈 데이터 프레임(dfB)을 만들고 'dfA에서 0번째의 행' 데이터를 추출하여 dfB에 추가'해보자. '0번째만으로 된 데이터 프레임'이 만들어진다(리스트 2.21).

서식 : 행 데이터를 추가하다

데이터 프레임 = 데이터 프레임.append(행 데이터)

[입력 프로그램] 리스트 2.21

```python
dfA = pd.read_csv("test.csv", index_col=0)

dfB = pd.DataFrame()
dfB = dfB.append(dfA.iloc[0])
dfB
```

출력 결과

이번에는 가영이의
데이터 프레임이네.

	국어	학생번호	수학	영어
가영	83.0	A001	89.0	76.0

 ## 열 데이터와 행 데이터를 삭제한다

불필요한 열 데이터가 있는 경우는 열을 지정하여 삭제할 수 있다. 국어의 열 데이터를 삭제해보자(리스트 2.22).

서식 : 열 데이터를 삭제한다

데이터 프레임.drop("열명", axis=1)

[입력 프로그램] 리스트 2.22

```python
dfA = pd.read_csv("test.csv", index_col=0)
dfA = dfA.drop("국어", axis=1)
dfA
```

출력 결과

	수학	영어	학생번호
이름			
가영	89	76	A001
나미	93	75	B001
다윤	84	96	B002
라희	73	40	A002
미선	62	84	C001
보민	92	94	C002

불필요한 행 데이터가 있는 경우는 행을 지정하여 삭제할 수 있다. 3번째 행의 데이터를 삭제해보자 (리스트 2.23).

서식 : 행 데이터를 삭제한다

```
데이터 프레임.drop("행명")
```

[입력 프로그램] 리스트 2.23

```
dfA = pd.read_csv("test.csv", index_col=0)
dfA = dfA.drop(dfA.index[3])
dfA
```

출력 결과

	국어	수학	영어	학생번호
이름				
가영	83	89	76	A001
나미	66	93	75	B001
다윤	100	84	96	B002
미선	92	62	84	C001
보민	96	92	94	C002

라희는 어디로 갔지?

조건으로 데이터를 추출한다

열 데이터에서 어떤 조건에 맞는 데이터를 추출할 수도 있다.

어떤 조건에 맞는지의 여부는 등호나 부등호(=, <, >)만 사용해도 알 수 있다. 조건에 맞는 것은 True, 맞지 않는 것은 False가 된다.

서식 : 조건에 맞는지 알아본다

데이터 프레임 ["열명"] = 값

데이터 프레임 ["열명"] > 값

데이터 프레임 ["열명"] < 값

'국어가 80보다 높은지'를 알아보자(리스트 2.24).

[입력 프로그램] 리스트 2.24

```python
import pandas as pd
dfA = pd.read_csv("test.csv", index_col=0)
dfA["국어"] > 80
```

출력 결과

```
이름

가영      True

나미      False

다윤      True

라희      False

미선      True

보민      True

Name: 국어, dtype: bool
```

조건을 지정하면 그 데이터가 조건에 맞을 때만 True가 되지.

80보다 큰 경우에만 True가 됐다. 이것은 조건에 맞는지 아닌지를 나타내는 True · False의 정렬이다. 이 정렬을 사용하면 True행만 추출할 수 있다. 즉 '데이터 프레임=데이터 프레임[조건에 맞는지 아닌지를 나타내는 True · False의 정렬]'이라고 명령하면 조건에 맞는 행만 추출할 수 있다.

'국어가 80보다 큰 행만 추출'해보자(리스트 2.25).

서식 : 조건으로 데이터를 추출

데이터 프레임 = 데이터 프레임[조건]

[입력 프로그램] 리스트 2.25

```
dfB = dfA[dfA["국어"] > 80]
dfB
```

출력 결과

	국어	수학	영어	학생번호
이름				
가영	83	89	76	A001
다윤	100	84	96	B002
미선	92	62	84	C001
보민	96	92	94	C002

조건에 맞는 데이터만 추출할 수 있어.

복수의 조건으로 알아볼 수도 있다. '조건 A이고 또한 조건 B를 충족할 때'는 '(조건A)&(조건B)', '조건A 또는 조건, B를 충족할 때'는 '(조건A)|(조건B)'라고 지정한다. '국어가 80보다 크고, 또한 수학도 80보다 큰 행만 추출'해보자(리스트 2.26).

[입력 프로그램] 리스트 2.26

```
dfB = dfA[(dfA["국어"] > 80) & (dfA["수학"] > 80)]
dfB
```

출력 결과

	국어	수학	영어	학생번호
이름				
가영	83	89	76	A001
다윤	100	84	96	B002
보민	96	92	94	C002

다들 똑똑하네요~

데이터 오류를 체크한다

데이터의 결측값을 체크하고 채워보자.

실제로 데이터를 다룰 때는 주의할 점이 있어. 그건 오류가 있을 수 있다는 거지.

오류요?

데이터를 입력할 때 빼먹기도 하고 틀리기도 하지. 기계가 측정할 때도 센서나 통신 장애 등으로 값이 누락되는 경우도 있을 수 있어. 그렇기 때문에 실제 데이터에는 오류가 있을지도 모른다고 생각해야 해.

뭐든지 오류가 따르기 마련이네요.

pandas에서는 데이터가 누락된 것을 알 수 있어. 데이터가 없는 상태는 NaN이라고 표시되니까.

Nan이요?

이것을 결측값이라고 해. 이 결측값을 다루는 방법에 대해 알아보자.

결측값의 처리

먼저, 결측값이 있게끔 데이터 프레임을 임의로 만들어 결측값을 확인해보자. 임의로 결측값을 입력할 때는 'None'이라고 지정한다(리스트 2.27).

[입력 프로그램] 리스트 2.27

```python
import pandas as pd
data = {
    "국어" : [90,50,None,40],
    "수학" : [80,None,None,50]
}
idx =  ["가영","나미","다윤","라희"]
dfA = pd.DataFrame(data, index=idx)
dfA
```

출력 결과

	국어	수학
가영	90.0	80.0
나미	50.0	NaN
다윤	NaN	NaN
라희	40.0	50.0

결측값은 NaN이네!

pandas는 결측값에 NaN이라고 표시된다.

위의 예는 데이터가 적기 때문에 확인하는 것이 간단하지만 데이터가 대량으로 있을 때는 만만치 않다. 그래서 결측값이 있는지 없는지 결측값의 개수를 세어봐야 한다. 만약 결측값 개수가 0개라면 결측값은 없다는 것을 알 수 있다(리스트 2.28).

서식 : 결측값의 개수

```
데이터 프레임.isnull().sum()
```

[입력 프로그램] 리스트 2.28

```
dfA.isnull().sum()
```

출력 결과

```
국어      1
수학      2
dtype: int64
```

국어에 하나, 수학에 둘 있다는 것을 알 수 있다.

결측값이 있으므로 결측값이 있는 행을 삭제하자(리스트 2.29).

서식 : 결측값이 있는 행을 삭제

데이터 프레임 = 데이터 프레임.dropna()

[입력 프로그램] 리스트 2.29

```
dfB = dfA.dropna()
dfB
```

출력 결과

	국어	수학
가영	90.0	80.0
라희	40.0	50.0

어머? 나미 씨,
국어 시험 봤는데
사라졌네.

결측값이 있는 행이 모두 삭제됐다. 그러나 그 영향으로 국어 데이터는 결측값이 아닌데도 삭제된 행도 있다. 그래서 국어 데이터에 결측값이 있는 행만 삭제하자(리스트 2.30).

서식 : 지정한 열에서 결측값이 있는 행을 삭제

데이터 프레임 = 데이터 프레임..dropna(subset=["열명"])

[입력 프로그램] 리스트 2.30

```
dfB = dfA.dropna(subset=["국어"])
dfB
```

출력 결과

	국어	수학
가영	90.0	80.0
나미	50.0	NaN
라희	40.0	50.0

무사히 나미 씨가 다시 나왔네.

국어 데이터에 결측값이 있는 행만 삭제됐다. 이처럼 결측값이 있는 행을 지정하여 삭제할 수 있다. 단, 결측값이 하나 또는 둘이면 상관없지만 많이 삭제하면 데이터 수가 크게 바뀌어버린다. 그래서 삭제하는 것이 아니라 다른 값으로 채우는 방법으로 결측값을 처리한다. 다른 값으로 채운다고 해도 절대 이상한 값으로는 할 수 없다. 평균값으로 채워보자(리스트 2.31).

서식 : 결측값을 평균값으로 채운다

데이터 프레임 = 데이터 프레임.fillna(데이터 프레임.mean())

[입력 프로그램] 리스트 2.31

```
dfB = dfA.fillna(dfA.mean())
dfB
```

출력 결과

	국어	수학
가영	90.0	80.0
나미	50.0	65.0
다윤	60.0	65.0
라희	40.0	50.0

국어의 결측값은 60점,
수학은 65점으로 하는구나.

국어가 60, 수학은 65로 채웠다. 이것은 테스트 데이터였지만 기온과 같이 연속적으로 변화하는 값인 경우는 평균값을 사용하면 급격히 바뀌는 경우가 있다. 만약 국어가 연속적으로 변화하는 값이라면 90→ 50→60→40으로, 채운 값이 60으로 올라가버린다. 그래서 연속적으로 변화할 수 있도록 결측값을 하나 앞의 값으로 채우는 방법으로 처리해보자(리스트 2.32).

서식 : 결측값을 하나 앞의 값으로 채운다

```
데이터 프레임 = 데이터 프레임.fillna(method='ffill')
```

[입력 프로그램] 리스트 2.32

```
dfB = dfA.fillna(method='ffill')
dfB
```

출력 결과

	국어	수학
가영	90.0	80.0
나미	50.0	80.0
다윤	50.0	80.0
라희	40.0	50.0

온도와 같이 연속적으로 변화하는
값은 크게 오르내리지 않도록 하나 앞의
값으로 채우는 편이 좋다는 얘기네요.

그러면, 90→50→50→40으로 자연스럽게 변화했다.

중복된 데이터를 삭제한다

오류 중에는 같은 데이터를 2회 입력하는 경우가 있다. 실수로 복사를 해서 동일한 데이터가 중복될 수도 있다. 그래서 중복 데이터도 확인해야 한다. 중복 데이터란 1건(1행)의 데이터가 모두 같은 값이 여러 개 있는 데이터를 말한다.

우선 임의로 중복 데이터가 있는 데이터 프레임을 만들어보자. 1, 2, 4번째 행이 중복된 데이터이다(리스트 2.33).

[입력 프로그램] 리스트 2.33

```python
import pandas as pd
data = [
    [10,30,40],
    [20,30,40],
    [20,30,40],
    [30,30,50],
    [20,30,40]
        ]
dfA = pd.DataFrame(data)
dfA
```

출력 결과

	0	1	2
0	10	30	40
1	20	30	40
2	20	30	40
3	30	30	50
4	20	30	40

일부러 같은 데이터를 입력한 데이터야.

먼저 중복 데이터가 있는지, 중복된 데이터의 개수를 세어보자. 0개라면 중복 데이터는 없다는 것을 알 수 있다(리스트 2.34).

서식 : 중복 데이터의 개수

```
데이터 프레임.duplicated().value_counts()
```

[입력 프로그램] 리스트 2.34

```
dfA.duplicated().value_counts()
```

출력 결과

```
False      3
True       2
dtype: int64
```

True가 2개 있으므로 중복된 데이터가 2개 있다는 것을 알 수 있다.

중복된 데이터는 첫 번째를 남기고 두 번째 이후의 중복 데이터를 삭제한다(리스트 2.35).

서식 : 중복 데이터의 두 번째 이후를 삭제하다

```
데이터 프레임.drop_duplicates()
```

[입력 프로그램] 리스트 2.35

```
dfB = dfA.drop_duplicates()
dfB
```

출력 결과

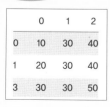

	0	1	2
0	10	30	40
1	20	30	40
3	30	30	50

잘못 입력한 것이 없어졌네.

중복된 2번째 행과 4번째 행이 삭제됐다.

무턱대고 중복을 삭제하지 않는다

이번에는 기계적으로 중복되는 데이터를 삭제했지만, 데이터에 따라서는 우연히 똑같은 값의 행이 존재할 수도 있다. 그런 종류의 데이터가 아닌지의 여부는 각자 생각해보자.

문자열형 데이터를 수치로 변환하다

저장된 데이터는 각 개발자에 따라 데이터 형식이 다르다. 수치 데이터인데 문자열로 준비되어 있는 경우도 있다. 그런 데이터로 계산하고 싶을 때는 데이터의 종류를 수치형으로 변환해둬야 한다.

먼저 임의로 수치를 문자열형으로 만든 데이터 프레임을 만들어보자(리스트 2.36).

[입력 프로그램] 리스트 2.36

```python
import pandas as pd
data = {
    "A" : ["100","300"],
    "B" : ["500","1,500"]
}
dfA = pd.DataFrame(data)
dfA
```

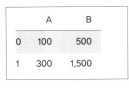

출력 결과

	A	B
0	100	500
1	300	1,500

우선은 이 데이터로 변환을 시험해보자!

각 열 데이터의 종류를 알아보자(리스트 2.37).

[입력 프로그램] 리스트 2.37

```
dfA.dtypes
```

출력 결과

```
A       object
B       object
dtype: object
```

모두 문자열형이라는 것을 알 수 있다. 그러면 데이터의 형을 정수형으로 변환하자. 우선 열 A를 정수로 변환해보자(리스트 2.38).

서식 : 문자열의 열 데이터를 정수로 변환한다

데이터 프레임["열명"] = 데이터 프레임["열명"].astype(int)

[입력 프로그램] 리스트 2.38

```
dfA["A"] = dfA["A"].astype(int)
dfA.dtypes
```

출력 결과

```
A       int64 (또는 int32)
B       object
dtype: object
```

열 A가 정수가 됐다. 다음은 열 B를 정수로 만들자. 다만 1,500이라는 콤마가 있는 수치가 있다. 콤마가 있는 상태에서는 정수형으로 변환할 수 없기 때문에 콤마 문자를 빈 글자로 치환한 다음 정수형으로 변환한다(리스트 2.39).

서식 : 콤마가 있는 문자열 열 데이터의 콤마를 삭제한다

```
데이터 프레임["열명"] = 데이터 프레임["열명"].str.replace(",","")))
```

[입력 프로그램] 리스트 2.39

```
dfA["B"] = dfA["B"].str.replace(",","").astype(int)
dfA.dtypes
```

출력 결과

```
A     int64   （또는 int32）

B     int64   （또는 int32）

dtype: object
```

모두 정수가 됐다. 콤마가 없어진 것도 확인해보자. 데이터 프레임명만 지정한다(리스트 2.40).

[입력 프로그램] 리스트 2.40

```
dfA
```

출력 결과

	A	B
0	100	500
1	300	1,500

콤마 없이 정수로 변환됐다.

와! 전처리가
끝났다~

별꽃게가 배출하는 알갱이는
종류도 여러 가지이지만
무게도 제각각이에요.

그걸 기록했다면
알갱이 종류별로
평균 무게도
계산할 수 있을 것 같군.

네. 그건 할 수
있지만 그게 의미가
있나요?

음. 별꽃게는 둥근별 알갱이,
네모별 알갱이, 세모별 알갱이를
내보내는 거지?

그것들의 대푯값을 비교해보면
별 알갱이 세 종류의 차이를
알 수 있을지도 몰라.

대푯값

대푯값?

맞아!
많은 별 알갱이의 무게
데이터에서 대표적인 값을
알 수 있어.

와~.
별 알갱이의 비밀을 알 수
있을지도 모르겠네요!

그렇지. 데이터를
분석하면 분명
비밀을 알 수
있을 거야!

재밌겠다~

3장에서 할 일

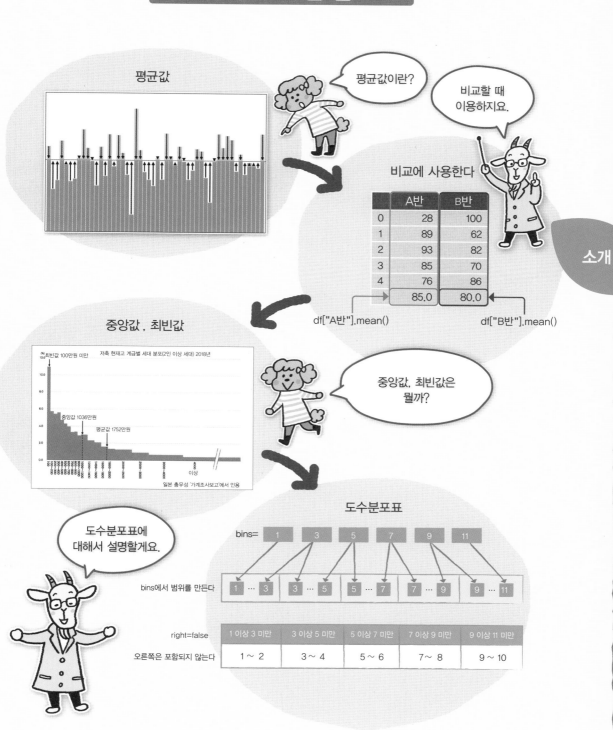

평균값

평균값이란?

비교할 때
이용하지요.

비교에 사용한다

	A반	B반
0	28	100
1	89	62
2	93	82
3	85	70
4	76	86
	85.0	80.0

df["A반"].mean()   df["B반"].mean()

중앙값, 최빈값

최빈값 100만원 미만   저축 현재고 계급별 세대 분포(2인 이상 세대) 2018년

중앙값 1036만원   평균값 1752만원

이상

일본 총무성 '가계조사보고'에서 인용

중앙값, 최빈값은
뭘까?

도수분포표

도수분포표에
대해서 설명할게요.

bins= | 1 | 3 | 5 | 7 | 9 | 11 |

bins에서 범위를 만든다 | 1 … 3 | 3 … 5 | 5 … 7 | 7 … 9 | 9 … 11 |

right=false	1 이상 3 미만	3 이상 5 미만	5 이상 7 미만	7 이상 9 미만	9 이상 11 미만
오른쪽은 포함되지 않는다	1 ~ 2	3 ~ 4	5 ~ 6	7 ~ 8	9 ~ 10

소개

LESSON
09

데이터를 평균화한다

평균값이란 무엇일까. 사용법을 알아보자.

데이터의 전처리는 이제 알겠는데요, 숫자가 가득해서 눈이 너무 피곤해요.

먼저 대푯값을 살펴보자.

대표?

데이터 덩어리를 하나의 수치로 나타낸 값이지. 평균값은 뭔지 알고 있니?

아. 그건 들어본 적 있는데, 어렴풋이 기억나요.

우선은 평균값의 사용법을 알아보도록 하자.

많은 데이터를 보면 거기에서 무엇을 읽을 수 있을까. 데이터를 하나씩 살펴보기에는 시간도 걸리고 전체적으로 어떤지 쉽게 알 수 없다.

그래서 '이 데이터는 전제적으로 어떤 것인지'를 하나의 수치로 요약해보려고 한다. 바로 대푯값이다. 그

리고 대푯값 중에서 가장 많이 사용하는 것이 평균값이다. 평균값에 대해서 살펴보겠다.

평균값을 구한다

평균값이란 들쭉날쭉한 데이터의 요철(높낮이)을 평평하게 고른 값이다.

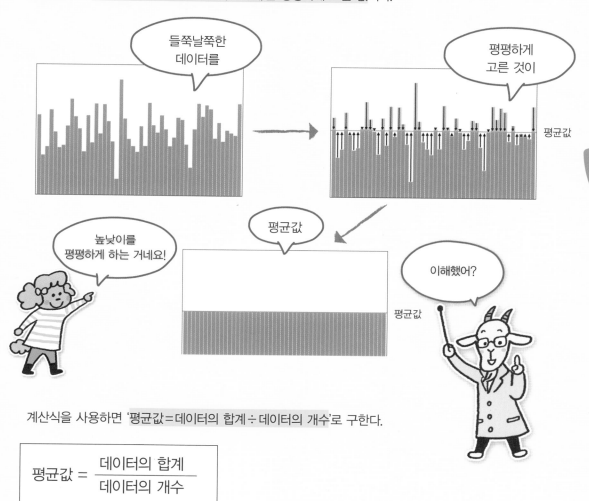

계산식을 사용하면 '평균값＝데이터의 합계÷데이터의 개수'로 구한다.

$$평균값 = \frac{데이터의\ 합계}{데이터의\ 개수}$$

파이썬에서는 평균값을 어떻게 구하는지 예를 들어 알아보자.

어떤 두 반의 영어 성적 데이터가 있다고 하고, 그 평균값을 구해보자(리스트 3.1).

[입력 프로그램] 리스트 3.1

```
import pandas as pd
```

```
data = {
    "A반" : [82,89,93,85,76],
    "B반" : [100,62,82,70,86]
}
df = pd.DataFrame(data)
df
```

출력 결과

	A반	B반
0	82	100
1	89	62
2	93	82
3	85	70
4	76	86

아무래도 상관없지만, 점수가 너무 높은 거 아냐?

수가 이 정도로 적으면 보기만 해도 알 수 있지만, 많이 있으면 그렇지도 않다. 그래서 각 반을 하나의 수치로 요약해보도록 한다. '데이터 프레임["열명"].mean()'이라고 명령하면 열 데이터의 평균값을 구할 수 있다.

데이터 분석 명령 : 열 데이터의 평균값을 구한다

- 필요한 라이브러리 : pandas
- 명령

```
df["열명"].mean()
```

- 출력 : 열 데이터의 평균값

A반과 B반의 평균값을 표시해보자(리스트 3.2).

[입력 프로그램] 리스트 3.2

```
print("A반 =", df["A반"].mean())
print("B반 =", df["B반"].mean())
```

출력 결과

```
A반 = 85.0

B반 = 80.0
```

각각 하나의 수치로 표현되어 있어서 쉽게 알 수 있다.

이 결과를 보면 A반은 전체적으로 85점, B반은 전체적으로 80점인 것을 알 수 있다.

	A반	B반
0	82	100
1	89	62
2	93	82
3	85	70
4	76	86
	85.0	80.0

df["A반"].mean()　　df["B반"].mean()

A반과 B반의 평균을 한눈에 알 수 있게 됐지.

 ## 대푯값은 데이터 비교에 사용한다

이렇게 구한 대푯값은 데이터를 비교하는 데 사용한다.

대푯값은 하나의 값이므로, 하나만으로는 무엇을 의미하는지 알 수 없다. 다른 값과 비교해야 비로소 의미를 알 수 있다.

예를 들어, 대푯값과 대푯값을 비교하면 그룹과 그룹의 차이를 알 수 있다.

A반과 B반의 차이를 알 수 있는 것이다.

A반과 B반의 평균값을 다시 한 번 표시해보자. 이번에는 다른 방법으로 표시하도록 하자(리스트 3.3). 데이터 프레임 자체에 명령을 한다. 그러면 데이터 프레임 안에 각 열의 평균값이 표시된다.

데이터 분석 명령 : 각 열 데이터의 평균값을 구한다

- 필요한 라이브러리 : pandas
- 명령

```
df.mean()
```

- 출력 : 열 데이터의 평균값

[입력 프로그램] 리스트 3.3

```
print(df.mean())
```

출력 결과

A반이
열심히 했네요!

```
A반      85.0

B반      80.0

dtype: float64
```

이 두 개의 값을 비교하면 A반은 B반보다 5점이나 성적이 좋다는 것을 그룹 간의 차이로 알 수 있다. 대푯값과 대푯값을 비교할 경우에도 과거의 대푯값과 지금의 대푯값을 비교하면 그룹의 변화를 알 수 있다. 또한 작년보다 올해 성적이 더 좋아졌는지를 알 수 있다.

대푯값끼리 비교하는 게 아니라 대푯값과 하나의 데이터를 비교하면, 그 하나의 데이터가 전체의 어디쯤에 위치하는지도 알 수 있다.

예를 들어, 'A반'과 '0번째 학생'을 비교해보자(리스트 3.4). 하나의 요소는 'df.iloc [번호] ["열명"]'이라고 지정하면 추출할 수 있다.

[입력 프로그램] 리스트 3.4

```
print(df.iloc[0]["A반"])
print(df["A반"].mean())
```

출력 결과

```
82

85.0
```

0번째 학생이 잘했는데도
A반에서는 평균값보다
좀 낮다니…

이 두 값을 비교했을 때 0번 학생이 잘 했지만 A반 전체로 보면 평균값보다 조금 아래인 것을 알 수 있다.

이와 같이 대푯값은 데이터 전체를 한 마디로 나타낼 수 있어 편리하지만 주의할 점도 있다. 원래의 데이터를 잘 보면 B반은 100점 맞은 학생이 있다. 그러나 대푯값으로 요약하면 그런 하나하나의 데이터는 잘 보이지 않게 된다. 대푯값이란 데이터 전체를 파악하기 위해 사용하는 것이다.

MEMO 대푯값은 데이터를 비교할 때 사용한다

• 대푯값과 다른 대푯값을 비교 : 그룹와 그룹의 차이를 알 수 있다.
• 과거의 대푯값과 지금의 대푯값을 비교 : 그룹의 변화를 알 수 있다.
• 대푯값과 하나의 데이터를 비교 : 하나의 데이터가 전체의 어느 위치에 있는지
   를 알 수 있다.

LESSON
10

평균값을 대표라고 해도 좋을까?

평균값 외에 또다른 대푯값인 중앙값과 최빈값에 대해 알아보자.

대푯값으로 많이 쓰이는 건 평균값이지만 대표라고 할 수 없는 경우도 있어.

그런 경우도 있어요?

예를 들어, 아래 도표는 1가구당 현재 얼마나 저금을 하고 있는지를 나타낸 그림이야. 이것을 보면 저금의 평균값은 1752만 원이야.

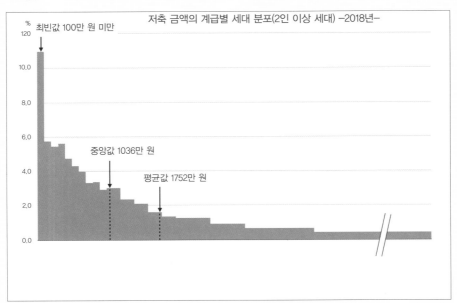

저축 금액의 계급별 세대 분포(2인 이상 세대) −2018년−

최빈값 100만 원 미만

중앙값 1036만 원

평균값 1752만 원

※ 이것은 2018년 데이터이다. 최신 데이터는 다음의 URL에 있다(https://www.stat.go.jp/data/sav/sokuhou/nen/index.html)
〈요약〉 가계조사보고(저축·부채편) −20xx년 평균 결과− (2인 이상 가구)

네!? 이게 평균값이에요? 뭔가 이상하지 않아요?

그 비밀은 그래프 오른쪽의 잘린 부분에 있어. 4000만 원 이상을 하나로 묶었지만 그 앞으로 쭉 뻗어 있어서 5000만원 이상의 준부유층, 1억 원 이상의 부유층, 그리고 5억 원 이상의 초부유층도 꽤 포함되어 있지.

몰랐는데, 잘려 있지만 뒤로도 계속 있는 거네요.

시험 삼아 최고액을 5억 원으로 가정하고 자르지 않고 표시했더니 아래와 같은 모양이 됐어.

5억원

으악~! 우리랑 얼마나 차이가 나는 거야.

엄청난 갑부가 있으니까 평균값이 높은 쪽으로 당겨진 거야. 하지만 이런 초부유층은 일반 국민들로부터 벗어난 특수한 경우잖아? 그래서 이런 값을 이상치라고 하는 거야.

크게 벗어났네요.

평균값은 이처럼 이상치의 영향을 받는 성질이 있다.

그러나 대푯값에는 그 밖에도 여러 가지가 있는데, 평균값보다 이상치의 영향을 받지 않는 것도 있다. 바로 중앙값과 최빈값이다.

중앙값이란 데이터를 차례대로 정렬했을 때 정확히 중앙에 오는 값이다. 이 그림에서 보면 1036만 원이다. 금액이 좀 낮아졌다.

최빈값이란 데이터 중에서 가장 많이 나타나는 값을 의미한다. 그래프의 맨 왼쪽이 월등히 높고 데이터가 많다. 100만 원 미만이 최빈값이다. 즉 저축액이 100만 원 미만인 가구가 가장 많다는 의미이다.

평균값은 대푯값으로 자주 사용되지만 경우에 따라서는 중앙값이나 최빈값이 실체에 가까운 경우도 있다.

 ## 평균값을 대표로 해도 되는지 알아본다

이와 같은 경우도 있으므로 입수한 데이터의 평균값을 대푯값으로 사용해도 될까?

예를 들어 생각해보자. 대학 축제에서 카페를 운영하게 되었다고 하자. 그러나 케이크의 가격을 얼마로 정해야 할지 알 수 없다. 그래서 몇 사람에게 케이크를 먹게 하고 케이크 가격이 얼마면 적정한지 예상 가격을 설문조사했다. 이것이 그 데이터이다(리스트 3.5).

[입력 프로그램] 리스트 3.5

```python
import pandas as pd
data = {
    "예상 가격" : [2400,2500,1500,2400,3000,50000]
}
df = pd.DataFrame(data)
df
```

출력 결과

	예상 가격
0	2400
1	2500
2	1500
3	2400
4	3000
5	50000

그러면 평균값을 살펴보자(리스트 3.6).

[입력 프로그램] 리스트 3.6

```
print(df.mean())
```

출력 결과

10300원의 케이크!
고급이네

```
예상 가격      10300.0
dtype: float64
```

LESSON
10

평균값은 10300원이다. 꽤 비싼 가격이다.

이것은 데이터 중에 부자인 학생이 있어서 예상 가격이 높아진 것 같다. 평균값은 이처럼 데이터의 영향을 받는다.

그러면 이상치의 영향을 받지 않는 중앙값과 최빈값을 알아보자.

중앙값은 '데이터 프레임.median()'으로 구할 수 있다(리스트 3.7).

데이터 분석 명령 : 각 열 데이터의 중앙값을 구한다

- 필요한 라이브러리 : `pandas`
- 명령

  ```
  df.median()
  ```

- 출력 : 열 데이터의 중앙값

[입력 프로그램] 리스트 3.7

```
print(df.median())
```

출력 결과

```
예상 가격      2450.0
dtype: float64
```

최빈값은 '데이터 프레임.mode()'로 구할 수 있다(리스트 3.8).

데이터 분석 명령 : 각 열 데이터의 최빈값을 구한다

- 필요한 라이브러리 : pandas
- 명령

```
df.mode()
```

- 출력 : 각 열 데이터의 최빈값

[입력 프로그램] 리스트 3.8

```
print(df.mode())
```

 출력 결과

이거면 용돈으로
먹을 수 있겠어!

```
    예상 가격

0    2400
```

중앙값은 2450원, 최빈값은 2400원이었다. 이 결과를 보면 2400~2450원 정도면 납득하겠다는 생각이 든다. 이처럼 평균값만 보면 이상치에 영향을 받기 때문에 중앙값이나 최빈값도 확인하는 것이 중요한다.

덧붙여서 이상치가 없는 경우 어떻게 될까. 50000원의 데이터를 제외하고 알아보자(리스트 3.9).

[입력 프로그램] 리스트 3.9

```
import pandas as pd
data = {
    "예상 가격" : [2400,2500,1500,2400,3000]
}
df = pd.DataFrame(data)
print("평균값 =",df.mean())
print("중앙값 =",df.median())
print("최빈값 =",df.mode())
```

LESSON
10

출력 결과

평균값 = 예상 가격   2360.0

dtype: float64

중앙값 = 예상 가격   2400.0

dtype: float64

최빈값 =   예상 가격

0   2400

납득할 만한 값이군!

평균값, 중앙값, 최빈값 모두 대체로 비슷한 값으로 확인됐다. 이것이라면 평균값을 대푯값으로 사용할 수 있다.

 평균값, 중앙값, 최빈값의 차이

평균값

- 모든 데이터를 고려한 값이다.
- 이상치의 영향을 받는다.
- 표준편차와 잘 맞아 자주 사용된다.

중앙값

- 데이터를 순서대로 정렬했을 때 딱 중간에 오는 값이다.
- 이상치의 영향을 덜 받는다.

최빈값

- 데이터 중 가장 많이 나타나는(최빈)값이다.
- 이상치의 영향을 크게 받지 않는다.
- 샘플 수가 적으면 사용할 수 없다.

LESSON

11

평균값이 같으면 같다고 할 수 있을까?

데이터 편차를 표로 나타낸 도수분포표에 대해서 살펴보자.

평균값이라는 건 많은 데이터를 하나의 수치로 요약하기 위해 '없앤 정보'가 있어.

무슨 말이에요?

평균값은 원래 들쭉날쭉한 데이터를 평평하게 고르게 해서 요철을 제거한 거야.

그렇구나.

그 들쭉날쭉한 정보가 바로 데이터 편차야.

어떻게 하는 거예요?

데이터 편차는 다른 방법으로 조사해. 표로 만들거나 그래프로 나타내거나, 하나의 수치로 하는 등 여러 방법이 있지. 먼저 표로 만드는 방법부터 살펴보자.

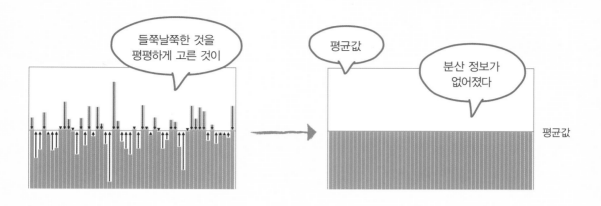

평균값은 데이터의 분산 정보를 제거하고 평평하게 고른 값이다.

데이터가 어떤 식으로 분산되어 있는지 다른 방법으로 알아보자. 표로 만들어 알아볼 때는 도수분포표를 사용한다.

많은 데이터를 하나씩 보지 않고 몇 개의 범위로 구분하여 본다. 이렇게 구분된 범위를 계급이라고 한다. 그리고 구분된 범위에 데이터가 각각 몇 개 들어있는지를 헤아린다. 이 개수를 도수라고 한다. 도수를 표로 만들어 데이터 분포를 알 수 있도록 한 것이 도수분포표이다.

도수분포표를 보면 데이터는 어디서부터 어디까지 있고, 또 전체가 균등하게 흩어져 있는지 아니면 어느 한 곳에 집중되어 있는지 등 데이터 분포에 대한 정보를 알 수 있다.

예를 통해 생각해보자. 대학 축제에서 카페를 열게 됐다고 하자. 케이크를 만드는 방법은 A안, B안, C안의 세 가지 유형이 있는데, 어느 케이크로 해야 할지 고민이다. 그래서 몇 사람에게 케이크를 먹게 한 후 케이크 맛에 대한 설문조사를 했다. 맛있다(10)~맛없다(1)의 10단계 평가이다. 이것이 그 데이터이다(리스트 3.10).

[입력 프로그램] 리스트 3.10

```
import pandas as pd
data = {
    "A안" : [1,10,1,10,1,10,1,10],
    "B안" : [5,5,5,5,6,6,6,6],
    "C안" : [1,2,3,4,7,8,9,10]
}
df = pd.DataFrame(data)
df
```

10단계의 평가라니,
꽤 까다로운데!

출력 결과

	A안	B안	C안
0	1	5	1
1	10	5	2
2	1	5	3
3	10	5	4
4	1	6	7
5	10	6	8
6	1	6	9
7	10	6	10

10이 나왔네.

사실은 A안, B안, C안은 이런 식으로 분산된 데이터이다. 도수분포표에서는 어떤 식으로 표시될까.

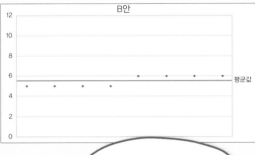

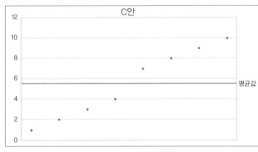

분산이 어떤 식으로 표시될까?

먼저 평균값을 살펴보자(리스트 3.11).

[입력 프로그램] 리스트 3.11

```
print(df.mean())
```

출력 결과

```
A안     5.5
B안     5.5
C안     5.5
dtype: float64
```

이 결과를 보면 세 안의 평균값이 같아 차이가 없는 것 같다. 중앙값도 살펴보자(리스트 3.12).

[입력 프로그램] 리스트 3.12

```
print(df.median())
```

출력 결과

```
A안     5.5
B안     5.5
C안     5.5
dtype: float64
```

놀랍게도 중앙값 역시 차이가 없다. 분산이 다른 데이터인데 모두 똑같아 보인다. 그러면 최빈값을 살펴보자(리스트 3.13).

[입력 프로그램] 리스트 3.13

```
print(df.mode())
```

출력 결과

```
       A안     B안    C안
0      1.0    5.0     1
1     10.0    6.0     2
2      NaN    NaN     3
3      NaN    NaN     4
4      NaN    NaN     7
5      NaN    NaN     8
6      NaN    NaN     9
7      NaN    NaN    10
```

이제부터 도수분포표로 알아보자!

어머! 최빈값은 차이가 나네요.

최빈값을 보면 뭔가 차이가 있다는 것을 알 수 있다. 그럼 이것을 도수분포표로 살펴보자.

도수분포표를 만들려면 먼저 'pd.cut()'으로 몇 가지 범위로 구분하고 각각의 데이터가 어느 범주에 들어가는지 알아본다. 그 다음에 'cut.value_counts()'로, 각각의 범위에 몇 개의 데이터가 들어가는지를 세어본다.

데이터 분석 명령 : 열 데이터의 도수분포표를 표시한다

- 필요한 라이브러리 : pandas
- 명령

```
cut = pd.cut(df["열명"], bins=구분하는 범위, right=False)
cut.value_counts(sort=False)
```

- 출력 = 열 데이터의 도수분포표

여기서는 2개씩, '1, 2' '3, 4' '5, 6' '7, 8' '9, 10'으로 구분한다.

bins 값을 '1, 3, 5, 7, 9, 11'로 지정하면 이 값을 사용해서 '1--3, 3--5, 5--7, 7--9, 9--11'이라는 범위가 만들어진다. 범위의 경계선이 겹쳐 있기 때문에 어느 쪽에 포함되는지를 결정해야 한다.

'right=False'로 지정하면 '범위의 왼쪽은 포함되지만 오른쪽은 포함되지 않는다'는 설정이 된다. 이것은 '1 이상 3 미만, 3 이상 5 미만, 5 이상 7 미만, 7 이상 9 미만, 9 이상 11 미만'이라는 얘기이다.

즉, '1~2' '3~4' '5~6' '7~8' '9~10'의 범위가 생기므로 각 범위 내의 데이터 수를 헤아리면 된다.

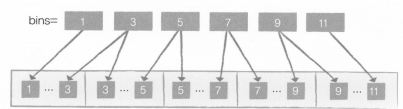

right=False 오른쪽은 포함되지 않는다	1 이상 3 미만	3 이상 5 미만	5 이상 7 미만	7 이상 9 미만	9 이상 11 미만
	1~2	3~4	5~6	7~8	9~10

먼저 A안의 도수분포표를 출력해보자(리스트 3.14).

[입력 프로그램] 리스트 3.14

```
bins=[1,3,5,7,9,11]
cut = pd.cut(df["A안"], bins=bins, right=False)
cut.value_counts(sort=False)
```

출력 결과

```
[1, 3)      4
[3, 5)      0
[5, 7)      0
[7, 9)      0
[9, 11)     4
Name: A안, dtype: int64
```

LESSON
11

리스트 3.14의 출력 결과는 아래의 표를 나타내고 있다.

계급	도수
1~2	4
3~4	0
5~6	0
7~8	0
9~10	4

A안은
극단적이네요.

이 결과를 보면 A안은 양끝으로 나뉘어 있어서 '너무 맛있거나 아니면 너무 맛없다'로 극단적으로 평가가 갈리는 맛인 것 같다.

다음은 B안의 도수분포표를 출력해보자(리스트 3.15).

 [입력 프로그램] 리스트 3.15

```
cut = pd.cut(df["B안"], bins=bins, right=False)
print(cut.value_counts(sort=False))
```

출력 결과

```
[1, 3)      0
[3, 5)      0
[5, 7)      8
[7, 9)      0
[9, 11)     0
Name: B안, dtype: int64
```

리스트 3.15의 출력 결과는 다음과 같은 표를 나타낸다.

계급	도수
1~2	0

(계속)

계급	도수
3~4	0
5~6	8
7~8	0
9~10	0

B안은 긍정도 부정도 아닌 것 같은 느낌이네.

이 결과를 보면, B안은 가운데에 모여 있어서, '특별히 맛있지도 그렇다고 맛없지도 않은 맛'인 것 같다. 다음은 C안의 도수분포표를 출력해보자(리스트 3.16).

LESSON
11

[입력 프로그램] 리스트 3.16

```
cut = pd.cut(df["C안"], bins=bins, right=False)
print(cut.value_counts(sort=False))
```

출력 결과

```
[1, 3)    2
[3, 5)    2
[5, 7)    0
[7, 9)    2
[9, 11)   2
Name: C안, dtype: int64
```

리스트 3.16의 출력 결과는 다음과 같은 표를 나타낸다.

계급	도수
1~2	2
3~4	2
5~6	0
7~8	2
9~10	2

C안은 제각각이네.

이 결과를 보면 C안은 평가가 제각각인 맛인 듯하다.

확실히 도수분포표를 보면 데이터의 분산을 잘 나타내주는 것 같다.

계급	도수
1~2	4
3~4	0
5~6	0
7~8	0
9~10	4

계급	도수
1~2	0
3~4	0
5~6	8
7~8	0
9~10	0

계급	도수
1~2	2
3~4	2
5~6	0
7~8	2
9~10	2

목적에 맞게 어떤 도수분포표를 이용할 것인지 선택하면 돼.

자, 중요한 것은 지금부터이다. 세 가지를 비교해보면 어떤 생각이 들까?

데이터를 분석해서 나온 결과는 데이터를 기계적으로 처리해서 나온 값이다. 하지만 이것이 어떤 의미를 가지는지, 무엇을 읽어낼 수 있는지는 사람이 생각할 일이다.

여러 가지 생각을 할 수 있다.

손님이 맛이 없다고 말하기 싫어서 무난하게 B안이 좋다고 말한 걸까?

정말 그렇게 생각하는가?

만약 1년에 한 번밖에 없는 축제이니 만큼 임팩트가 있어서 추억에 남는 것이 좋을 것 같다고 생각한다면 A안이 좋을지도 모른다.

무엇을 선택할지는 원래의 목적이 무엇인지를 생각하는 것이 중요하다.

별꽃게가 내보내는 알갱이를 무게별로 개수를 정리해봤어요!

어디보자. 200g일 때도 있어? 저 작은 몸에서 이런 커다란 알갱이가 나오다니! 신기하네!

그렇죠. 근데 그걸 여쭤보고 싶은 건 아니고, 숫자를 좀 더 알기 쉽게 보는 방법이 없을까 해서요.

미안, 너무 커서 그만…. 숫자로 이미지를 파악하고 싶을 때는 그래프로 하면 좋아.

학교 신문에서도 자주 보곤 했어요. 예전에 정말 좋아한 간식 설문조사 결과가 그래프로 되어 있었어요.

그래 맞아. 그거네. 그중에서도 히스토그램은 데이터 분산을 아는 데 안성맞춤이야.

어? 그래요?

응. 그럼 알아볼까!

왠지 명탐정 느낌?

음!!

4장에서 할 일

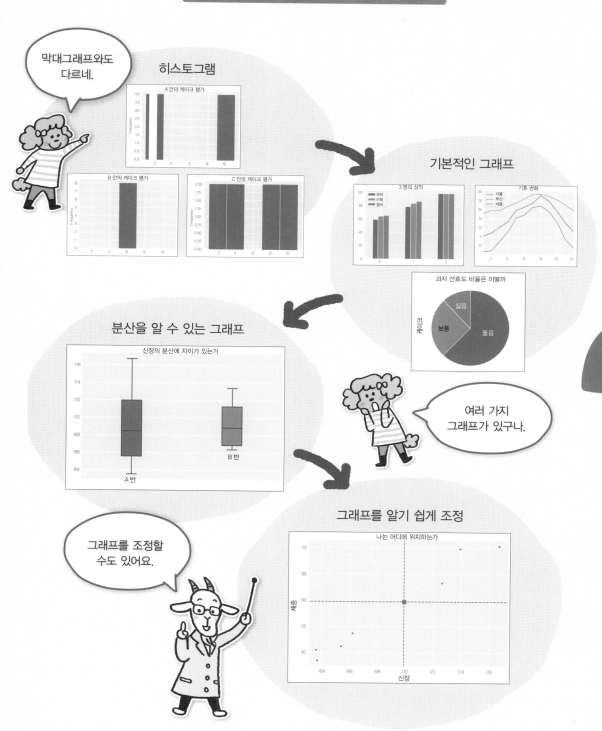

막대그래프와도 다르네.

히스토그램

기본적인 그래프

분산을 알 수 있는 그래프

과자 선호도 비율은 어떨까

여러 가지 그래프가 있구나.

그래프를 조정할 수도 있어요.

그래프를 알기 쉽게 조정

소개

데이터의 분산을 이해한다

도수분포표를 그래프로 만들어보자. 그래프용 라이브러리 사용법과 히스토그램에 대해서도 알아보자.

이제 도수분포표를 그릴 수는 있지만, 숫자라서 감이 안 와요.

그럴 때는 그래프로 나타내보면 돼. 히스토그램이야.

아! 저 그래프 좋아해요.

그래프는 matplotlib(맷플롯립)을 사용하면 만들 수 있는데, 이것보다 기능이 향상된 seaborn(시본)도 사용해보자. 시본은 예쁜 그래프를 그릴 수 있고 게다가 데이터 분석에도 편리한 기능이 있어.

와~ 기능이 강화됐다! 예쁜 그래프라고 하니 기대가 되는데요.

그래프는 예술입니다!

맷플롯립 사용법

그래프를 표시할 때는 맷플롯립 라이브러리를 사용한다. 'import matplotlib.pyplot as plt'라고 명령을 하면 matplotlib을 'plt'라는 생략명으로 다룰 수 있다. 그래프는 주로 3단계로 명령한다.

① 어떤 데이터로 어떤 그래프를 표시할지를 정한다.
② 필요하면 제목이나 선 등 추가 정보를 지정한다.
③ 마지막으로 'plt.show()'라고 명령하면 지정한 그래프가 표시된다.

맷플롯립 그래프는 파이썬에서는 보통 다른 창으로 나타내지만 주피터 노트북에서는 '%matplotlib inline'으로 지정하고 노트 안에서 그래프로 표시된다.

우선 맷플롯립을 이용하여 그래프로 나타내보자. 리스트 4.1과 같이 입력한다.

[입력 프로그램] 리스트 4.1

```
%matplotlib inline
import matplotlib.pyplot as plt

plt.plot([0,100,200],[100,0,200])
plt.show()
```

'이런 데이터의 꺾은선그래프를 그려라!' 하고 명령하는 거구나.

LESSON 12

출력 결과

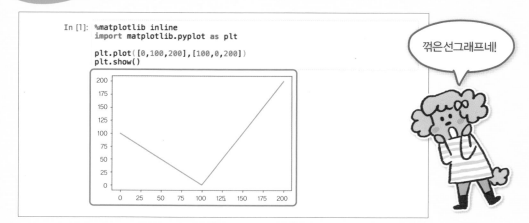

꺾은선그래프네!

셀 바로 아래에 그래프가 표시됐다.

시본 사용법

그리고 그래프를 예쁘게 만드는 시본 라이브러리를 사용해보자. 시본 라이브러리는 맷플롯립을 확장하는 라이브러리이기 때문에 사용할 때는 둘 다 불러온다. 'import.seaborn as sns'라고 명령하면 seaborn을 'sns'라는 생략명으로 다룰 수 있다.

seaborn은 처음에 'sns.set()'라고 명령해두기만 하면 이후에 보이는 그래프가 예쁘게 표시되는 편리한 기능을 가지고 있다.

또한 폰트 지정도 간단해서 'sns.set(font=["폰트명"])'이라고 명령하기만 하면 설정할 수도 있다. 맷플롯립은 원래 한국어를 잘 다루지 못했는데, ver3.1.0부터는 많은 한국어 ttc파일(Truetype 폰트가 많이 들어간 파일)을 사용할 수 있게 됐다.

그리고 seaborn을 사용하면 'sns.set(font=["AppleGothic", "Nanum Gothic", "Malgun Gothic"])라고 명령하면 한국어를 사용할 수 있다.

※ 한국어를 표시하려면 맷플롯립 ver 3.1.0 이후 버전을 사용해야 한다.

그러면 맷플롯립과 시본으로 그래프를 표시해보자(리스트 4.2).

[입력 프로그램] 리스트 4.2

```
%matplotlib inline
import matplotlib.pyplot as plt
import seaborn as sns
sns.set(font=["AppleGothic", "Nanum Gothic", "Malgun Gothic"])

plt.plot([0,100,200],[100,0,200])
plt.title("타이틀")
plt.show()
```

스타일은
그 외에 여러
가지가 있답니다.

출력 결과

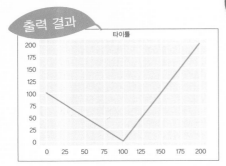

앞에 나온 것과 같은 그래프인데 이 그래프가 좀 더 깔끔하게 표시됐다.

MEMO **시본 스타일의 변경**

시본은 스타일(그래프 전체의 색 등)을 변경할 수 있다. 'sns.set(style="스타일", font=["AppleGothic", "Nanum Gothic", "Malgun Gothic"])'라고 명령한다. 스타일에는 "dark"(어두운 색), "darkgrid"(어두운 색에 선 있음), "white"(흰색), "white-grid"(흰색에 선 있음), "ticks"(눈금 있음) 등을 지정할 수 있다(리스트 4.3).

[예] 리스트 4.3

```
%matplotlib inline
sns.set(style="dark", font=["AppleGothic",
"Nanum Gothic", "Malgun Gothic"])
plt.plot([0,100,200],[100,0,200])
plt.title("제목")
plt.show()
```

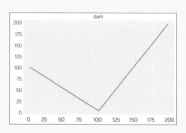

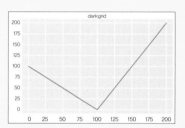

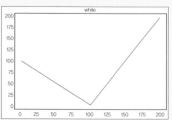

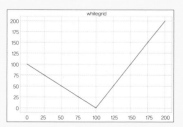

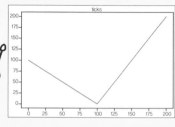

LESSON
12

데이터의 분산을 이해한다 : 히스토그램

데이터 편차를 알고 싶은 때는 도수분포표라고 하는 표로 했지만, 그래프로 볼 수도 있다. 그것이 바로 히스토그램이다.

제3장에서 사용한 도수분포표 데이터를 히스토그램으로 표시해보자. 데이터는 케이크 맛 설문조사 결과였다. 그래프로 표시하기 때문에 미리 맷플롯립과 시본을 가져와서 폰트를 설정해둔다(리스트 4.4).

[입력 프로그램] 리스트 4.4

```
%matplotlib inline
import pandas as pd
import matplotlib.pyplot as plt
import seaborn as sns
sns.set(font=["AppleGothic", "Nanum Gothic", "Malgun Gothic"])

data = {
    "A안" : [1,10,1,10,1,10,1,10],
    "B안" : [5,5,5,5,6,6,6,6],
    "C안" : [1,2,3,4,7,8,9,10]
}
df = pd.DataFrame(data)
df
```

출력 결과

	A안	B안	C안
0	1	5	1
1	10	5	2
2	1	5	3
3	10	5	4
4	1	6	7
5	10	6	8
6	1	6	9
7	10	6	10

도수분포표의 예

계급	A안	B안	C안
1~2	4	0	2
3~4	0	0	2
5~6	0	8	0
7~8	0	0	2
9~10	4	0	2

도수분포표로 하니 이렇게 됐네.

히스토그램도 도수분포와 마찬가지로 범위를 구분해서 만든다. 범위를 몇 개로 구분할 것인지 계급을 'bins='라고 지정하고 '데이터 프레임.plot.hist(bins=bins)'라고 명령한다.

데이터 분석 명령 : 열 데이터 히스토그램을 표시한다

- 필요한 라이브러리: pandas、matplotlib、(seaborn)
- 명령

df["열명"].plot.hist(bins=구분하는 범위)

plt.show()

- 출력 : 열 데이터의 분산을 알 수 있는 히스토그램

그리고 그래프에는 반드시 제목도 붙이자. 크게 상관없을 것 같아도 꽤 중요하다. 그 이유는 데이터 분석은 문제를 해결하기 위해서 수행한다. 이 그래프도 문제를 해결하기 위한 첫걸음으로 만들고 있다. 제목을 붙이면 애초에 어떤 목적으로 그래프를 만들려고 했는지 재확인하기 쉽고, 그래프를 다른 사람들이 봐도 그래프의 어디에 주목을 하면 될지를 쉽게 알 수 있다.

제목을 붙이려면 'plt.title("제목")'이라고 명령한다. 예를 들어 이 그래프는 '세 종류의 케이크 설문을 통해 평가의 차이를 알아보자'고 한 것이다. 따라서 '케이크의 평가는 어떻게 다른가?'와 같은 식으로 붙인다(리스트 4.5).

[입력 프로그램] 리스트 4.5

```
bins=[1,3,5,7,9,11]

df.plot.hist(bins=bins)
plt.title("케이크 평가는 어떻게 다른가? ")
plt.show()
```

출력 결과

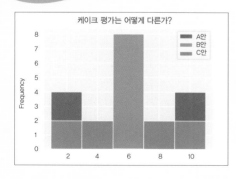

컬러풀~!

이렇게 보면 히스토그램은 도수분포표를 그래프화한 것이라는 것을 알 수 있다. 표보다 데이터 분포를 시각적으로 쉽게 알 수 있다.

결과가 표시됐지만, 그래프가 완성됐다고 끝이 아니라 이 그래프를 통해 무엇을 알게 됐는지 좀 더 생각해보자. 예를 들어 이 결과를 보면 'A안은 맛에 대한 평가가 극단적으로 나뉘어 있고, B안은 한가운데에 집중되어 있고, C안은 분산되어 있다'는 것을 알 수 있다.

그래프를 만들기 전에 무엇을 위한 그래프인지를 의식하고 그래프가 표시되면 무엇을 읽을 수 있는지를 생각한다. 이 과정이 쌓여야 그저 객관적인 데이터에 불과한 것이 의미 있는 데이터가 된다.

나아가 열별로 나누어 표시하고 싶을 때도 있을 것이다. 그럴 때는 '데이터 프레임["열명"]'으로 지정하면 다른 그래프로 표시할 수 있다(리스트 4.6).

[입력 프로그램] 리스트 4.6

```
df["A안"].plot.hist(bins=bins)
plt.title("A안의 케이크 평가")
plt.show()

df["B안"].plot.hist(bins=bins)
plt.title("B안의 케이크 평가")
plt.show()

df["C안"].plot.hist(bins=bins)
plt.title("C안의 케이크 평가")
plt.show()
```

출력 결과

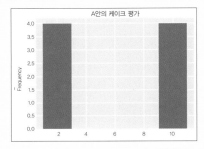

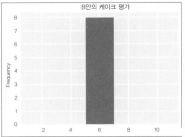

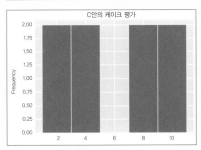

히스토그램도
자신 있어요!

기본적인 그래프를 만들자

막대그래프, 꺾은선그래프, 원그래프의 역할을 알아보자.

대소를 비교할 수 있다 : 막대그래프

맷플롯립 라이브러리는 다양한 그래프를 표시할 수 있다. 기본적인 그래프를 차례대로 살펴보자. 우선 막대그래프이다.

막대그래프는 수량의 대소를 비교할 수 있는 그래프이다. 막대 높이가 각각의 양을 나타낸다. A반과 B반의 비교, 서울점과 부산점의 비교와 같이 각각 독립된 값을 비교할 때 사용한다.

예를 들어 살펴보자.

세 사람의 국어, 수학, 영어 성적 데이터를 비교해보자(리스트 4.7).

[입력 프로그램] 리스트 4.7

```
%matplotlib inline
import pandas as pd
import matplotlib.pyplot as plt
import seaborn as sns
sns.set(font=["AppleGothic", "Nanum Gothic", "Malgun Gothic"])

data = {
    "이름" :  ["가영","나미","다윤"],
```

111

```
        "국어" : [60,80,100],
        "수학" : [65,85,100],
        "영어" : [66,88,100]
}
df = pd.DataFrame(data)
df
```

출력 결과

	이름	국어	수학	영어
0	가영	60	65	66
1	나미	80	85	88
2	다윤	100	100	100

이 데이터를 막대그래프로 표시해본다. 막대그래프로 나타내려면 '데이터 프레임.plot.bar()'라고 명령한다. 열 데이터 각각의 값이 막대그래프의 막대 높이로 표시된다.

데이터 분석 명령(열 데이터의 막대그래프를 표시한다)

- 필요한 라이브러리: pandas、matplotlib、(seaborn)
- 명령

```
df.plot.bar()
plt.show()
```

- 출력 : 열 데이터의 막대그래프

단순히 성적을 비교해보고 싶을 뿐이므로 제목(title)은 '3명의 성적'이라고 붙였다(리스트 4.8).

[입력 프로그램] 리스트 4.8

```
df.plot.bar()
plt.title("3명의 성적")
plt.show()
```

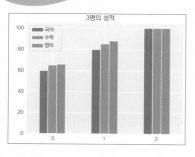

출력 결과

> 만약 내 성적
> 데이터도 비교한다고
> 생각하면…. 소름 돋네.

수치 데이터인 '국어', '수학', '영어'의 열이 그래프화됐다. 단, 문자열 데이터의 '이름' 열은 그래프로 만들 수 없기 때문에 자동으로 표시 대상에서 제외된다. 그래프의 가로축을 보면 인덱스 번호(0, 1, 2)가 표시되어 있어 금방 알 수 없다. 그래서 이름 열을 인덱스에 사용하자. 'df.set_index("열명", inplace=True)'라고 지정한다(리스트 4.9).

[입력 프로그램] 리스트 4.9

```
df.set_index("이름", inplace=True)
df
```

출력 결과

이름	국어	수학	영어
가영	60	65	66
나미	80	85	88
다윤	100	100	100

이 데이터를 가지고 다시 막대그래프를 표시하자. 이번에는 가로축에 이름이 표시된다(리스트 4.10).

[입력 프로그램] 리스트 4.10

```
df.plot.bar()
plt.title("3명의 성적")
plt.show()
```

출력 결과

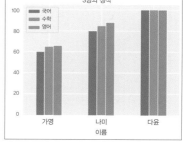

이 결과를 보면 다윤이의 막대그래프가 모두 높아, 다윤이가 전 과목에서 성적이 우수하다는 것을 알 수 있다.

어떤 한 데이터만 조금 더 집중적으로 보고 싶을 때도 있을 것이다. 그럴 때는 'df["열명"]'이라고 지정한다. 국어의 열 데이터만으로 그래프를 표시해보자(리스트 4.11).

[입력 프로그램] 리스트 4.11

```
df["국어"].plot.bar()
plt.title("국어 성적")
plt.show()
```

출력 결과

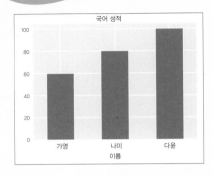

MEMO **막대그래프와 히스토그램의 차이**

막대그래프와 히스토그램의 외형은 비슷하지만 그래프의 의미와 보는 방법에는 차이가 있다. 한마디로 막대그래프는 높이를 보고, 히스토그램은 면적을 본다는 차이가 있다.

막대그래프는 수량을 비교하기 위한 그래프이다. 각 막대가 독립된 데이터이기 때문에 막대 사이에는 간격이 벌어져 있다. 막대의 높이가 각 양을 나타내기 때문에 높이를 보고 비교한다. 히스토그램은 한 종류 데이터의 분산을 보는 그래프이다. 각 막대는 데이터 전체를 몇 개로 구별한 각각의 데이터 수이므로 연속된 데이터이다. 따라서 막대 사이에 간격은 없다. 어떤 범위에 데이터가 얼마나 있는지는 그 범위의 막대 면적을 보고 알 수 있다.

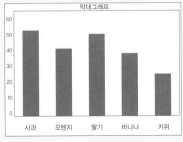

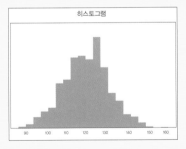

변화를 알 수 있다 : 꺾은선그래프

다음은 꺾은선그래프를 알아보자.

꺾은선그래프는 시간적인 값의 변화를 알 수 있는 그래프이다. 시간에 따라 변화하는 데이터에 사용하므로 항목명이 '연, 월, 일, 시, 분'으로 되어 있는 등 시계열로 나열된 데이터에 사용된다.

예를 들어 기온의 변화를 알아보자.

예를 들어 서울, 부산, 철원의 1년간 기온 데이터가 있다고 하고, 기온의 변화를 알아보자.

[입력 프로그램] 리스트 4.12

```python
%matplotlib inline
import pandas as pd
import matplotlib.pyplot as plt
import seaborn as sns
sns.set(font=["AppleGothic", "Nanum Gothic", "Malgun Gothic"])

data = {
    "월" :  [1,2,3,4,5,6,7,8,9,10,11,12],
    "서울" : [5.6, 7.2, 10.6, 13.6, 20.0, 21.8, 24.1, 28.4, 25.1,↵
19.4, 13.1, 8.5],
    "부산" : [18.1, 20.0, 19.9, 22.3, 24.2, 26.5, 28.9, 29.2, 28.0,↵
26.0, 23.1, 20.0],
    "철원" : [-3.0, -2.6, 2.5, 8.0, 15.7, 17.4, 21.7, 22.5, 19.3,↵
13.3, 3.9, -0.8]
}
df = pd.DataFrame(data)
df.head()
```

출력 결과

	월	서울	부산	철원
0	1	5.6	18.1	−3.0
1	2	7.2	20.0	−2.6
2	3	10.6	19.9	2.5
3	4	13.6	22.3	8.0
4	5	20.0	24.2	15.7

LESSON
13

인덱스와 월의 숫자가 어긋나 있기 때문에 '월'의 열을 인덱스로 지정한다(리스트 4.13).

[입력 프로그램] 리스트 4.13

```
df.set_index("월", inplace=True)
df.head()
```

출력 결과

월	서울	부산	철원
1	5.6	18.1	−3.0
2	7.2	20.0	−2.6
3	10.6	19.9	2.5
4	13.6	22.3	8.0
5	20.0	24.2	15.7

데이터를 조정하는 것은 자주 있는 일이지!

이 데이터를 꺾은선그래프로 표시해본다. 꺾은선그래프를 만들려면 '데이터 프레임.plot()'이라고 명령한다. 열 데이터의 값 변화가 꺾은선으로 표시된다.

데이터 분석 명령 : 열 데이터의 꺾은선그래프를 표시한다

- 필요한 라이브러리: pandas、matplotlib、(seaborn)
- 명령

```
df["열명"].plot()
plt.show()
```

- 출력 : 열 데이터의 꺾은선그래프

기온의 변화를 보기 위한 것이므로 제목은 한국의 기온 변화라고 붙였다(리스트 4.14).

[입력 프로그램] 리스트 4.14

```
df.plot()
plt.title("한국의 기온 변화")
plt.show()
```

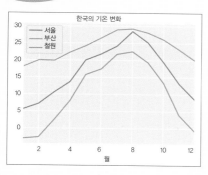

> 서울, 부산, 철원의 기온 변화를 알 수 있어요.

서울, 부산, 철원의 기온 변화가 표시됐다. 세 개의 꺾은선은 높이도 다르고 꺾인 모양에도 차이가 있다. 이 결과를 보면 부산이 덥고 철원이 춥다는 사실뿐만 아니라 철원은 기온차가 크지만 부산은 완만하다는 사실도 알 수 있다.

어느 한 도시의 기온만 좀 더 집중적으로 보고 싶을 때는 'df["열명"]'으로 지정한다. 서울의 기온 데이터만을 그래프로 표시해보자(리스트 4.15).

LESSON 13

[입력 프로그램] 리스트 4.15

```
df["서울"].plot()
plt.title("서울의 기온 변화")
plt.show()
```

출력 결과

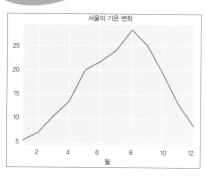

117

월

요소의 비율을 비교할 수 있다 : 원그래프

다음은 원그래프를 알아보자.

원그래프는 전체에 대한 요소의 비율을 알 수 있는 그래프이다. 모든 요소의 값을 합하여 100%가 되는 데이터에 사용한다.

예를 들어 어떤 과자의 좋고 싫음에 대한 비율을 살펴보자. 쿠키와 케이크를 좋아하는지 또는 싫어하는지에 대한 설문 데이터가 있다고 하고, 좋고 싫음의 비율을 알아보자(리스트 4.16).

[입력 프로그램] 리스트 4.16

```python
%matplotlib inline
import pandas as pd
import matplotlib.pyplot as plt
import seaborn as sns
sns.set(font=["AppleGothic", "Nanum Gothic", "Malgun Gothic"])


data = {
    "쿠키" : [35,47,18],
    "케이크" : [62,26,12]
}
idx = ["좋음","보통", "싫음"]
df = pd.DataFrame(data, index=idx)
df
```

출력 결과

	쿠키	케이크
좋음	35	62
보통	47	26
싫음	18	12

나는 쿠키도 좋고 케이크도 좋아!

이 데이터를 원그래프로 표시해본다. 원그래프를 만들려면 '데이터 프레임.plot.pie()'이라고 명령한다. 원그래프는 열 데이터 전체로 원을 만들고 각 요소의 비율을 부채꼴 크기로 나타낸다.

데이터 분석 명령 : 열 데이터의 원그래프를 표시한다

- 필요한 라이브러리: pandas、matplotlib、(seaborn)
- 명령

```
df["열명"].plot.pie()
plt.show()
```

- 출력 : 열 데이터의 원그래프

제목은 '쿠키의 선호도는 어떤 비율일까?'라고 붙였다(리스트 4.17).

[입력 프로그램] 리스트 4.17

```
df["쿠키"].plot.pie()
plt.title("쿠키의 선호도는 어떤 비율일까? ")
plt.show()
```

LESSON
13

출력 결과

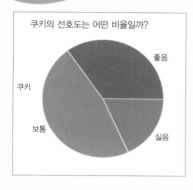

쿠키의 선호도는 어떤 비율일까?

이 원그래프
뭔가 이상해요?

원그래프가 표시됐다. 하지만 뭔가 위화감이 든다.

맷플롯립의 원그래프는 오른쪽에서 시작해서 시계 반대방향으로 그리기 때문이다. 일반적인 원그래프처럼 바로 위에서부터 시작해서 시계방향으로 그리도록 바꾸자. 옵션으로 'startangle=90, counter-clock=False'라고 지정한다. 또한 '좋음, 싫음, 보통'의 글자가 원그래프 밖으로 나와 있다. 좀 더 안쪽에 오도록 표시하자. 옵션에 'labeldistance=0.5'를 추가한다(리스트 4.18).

[입력 프로그램] 리스트 4.18

```
df["쿠키"].plot.pie(startangle=90, counterclock=False,
                    labeldistance=0.5)
plt.title("쿠키의 선호도는 어떤 비율일까? ")
plt.show()
```

출력 결과

그래프 안으로 글자가 들어갔네.

익숙한 원그래프가 됐다. 마찬가지로 케이크 원그래프도 표시해보자(리스트 4.19).

[입력 프로그램] 리스트 4.19

```
df["케이크"].plot.pie(startangle=90, counterclock=False,
                      labeldistance=0.5)
plt.title("케이크의 선호도는 어떤 비율일까? ")
plt.show()
```

출력 결과

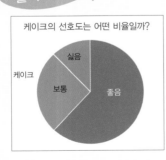

케이크를 좋아하는 사람이 더 많네요!

이 결과를 보면 쿠키는 '보통'이라고 대답한 사람이 많고, 케이크는 '좋음'이라고 대답한 사람이 많다는 것을 알 수 있다.

막대그래프, 꺾은선그래프, 원그래프 구분 방법

막대그래프, 꺾은선그래프, 원그래프는 다루는 데이터의 성격이 다르므로 아래의 세 가지 질문으로 살펴보면 어떤 그래프를 사용해야 하는지 대체로 구분할 수 있다.

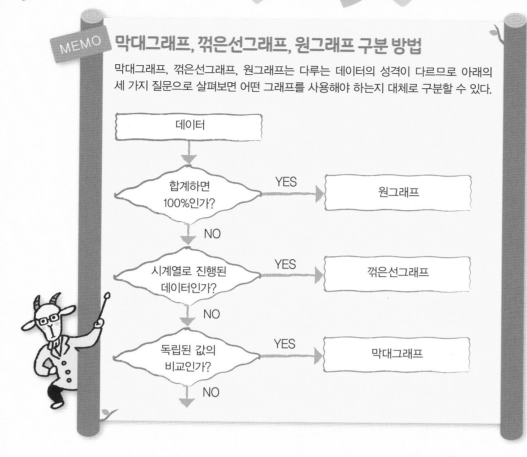

그래프를 그릴 때 어떤 걸로 그리면 좋을지 고민된다면 이걸 참고하면 돼요.

LESSON
13

121

LESSON
14

분포를 알 수 있는 그래프

상자수염그림과 산포도를 사용하는 방법 및 만드는 방법을 설명한다.

🌰 데이터의 분포를 비교할 수 있다 : 상자수염그림

다음으로 상자수염그림(Box-whisker Plot)에 대해 알아보자.

상자수염그림은 데이터의 분포를 비교할 수 있는 그래프이다. 데이터의 분포는 히스토그램으로도 알 수 있는데, 한 종류의 데이터 분포는 알 수 있어도 여러 개의 데이터 분포를 비교하려면 뒤죽박죽이 돼서 어렵다. 그럴 때 상자수염그림을 사용하면 편리하다.

상자수염그림은 사각형(상자)과 그 양쪽으로 뻗은 선(수염)으로 된 그림으로 데이터 전체를 4개로 나눌 수 있다. 25% 라인(제1사분위수), ~75% 라인(제3사분위수)의 상자를 만들고 50% 라인(제2사분위수)으로 선을 긋는다(50% 라인은 중앙값이다). 상자에서 최솟값과 최댓값으로 수염을 늘려서, 너무 벗어나서 이상값이라고 생각되는 부분은 점으로 나타낸 그림이다.

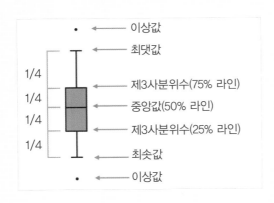

상자수염그림은 주식에서 사용하는 봉차트와 비슷하지만 보는 방법은 달라요.

상자수염그림도 히스토그램과 마찬가지로 데이터 분포를 알 수 있는 그림이므로 나란히 놓고 비교해보자.

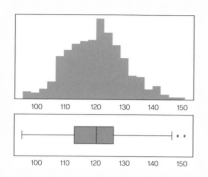
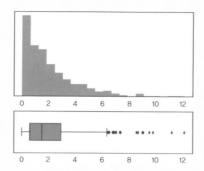

상자수염그림도 히스토그램과 마찬가지로 어디에 데이터가 몰려 있고, 어떻게 흩어져 있는지 등을 알수 있다. 단, 여러 개의 산을 가진 분포는 잘 나타낼 수가 없다는 점은 주의해야 한다.

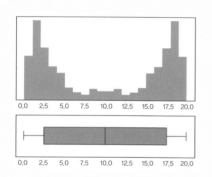

여러 개의 산을 가진
분포를 나타내는 것은
서툴러요.

그러면 어느 두 반의 신장 분포를 상자수염그림으로 비교해보자. A반과 B반의 신장 데이터가 있다고
하자(리스트 4.20).

[입력 프로그램] 리스트 4.20

```
%matplotlib inline
import pandas as pd
import matplotlib.pyplot as plt
import seaborn as sns
sns.set(font=["AppleGothic", "Nanum Gothic", "Malgun Gothic"])
```

```
data = {
    "A반" :[163.6, 172.6, 163.7, 167.1, 169.9, 173.9, 170.1, 166.2,↵
176.7, 165.4],
    "B반" :[166.9, 172.7, 166.4, 173.4, 169.6, 171.8, 166.9, 168.2,↵
166.7, 169.8]
}
df = pd.DataFrame(data)
df.head()
```

출력 결과

	A반	B반
0	163.6	166.9
1	172.6	172.7
2	163.7	166.4
3	167.1	173.4
4	169.9	169.6

이 데이터를 상자수염그림으로 표시해보자. 상자수염그림은 맷플롯립에도 'df.boxplot()'이라는 명령이 있지만 시본의 'sns.boxplot(data=데이터 프레임, width=폭)'이라는 명령이 색이 칠해져 예쁘게 표시되므로 이쪽을 사용하자(리스트 4.21).

데이터 분석 명령 : 각 열 데이터의 상자수염그림을 표시한다

- 필요한 라이브러리: pandas、matplotlib、seaborn
- 명령

```
sns.boxplot(data=df, width=폭)
plt.show()
```

- 출력 : 각 열 데이터의 상자수염그림

[입력 프로그램] 리스트 4.21

```
sns.boxplot(data=df, width=0.2)
plt.title("신장의 분포에 차이가 있는가? ")
plt.show()
```

출력 결과

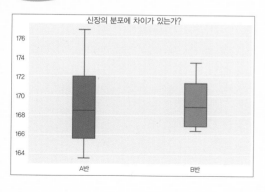

분포를
알 수 있어요.

이 결과를 보자. A반은 수염이 길고 B반은 수염이 짧다. A반이 분산이 크고 B반이 모여 있음을 알 수 있다.

또한 상자 안의 선을 보면 A반과 B반의 높이가 다르다. A반에 키가 큰 학생은 있지만 중앙값은 B반이 더 높은 것을 알 수 있다. 정말일까? 중앙값을 출력하여 확인해보자(리스트 4.22).

LESSON
14

[입력 프로그램] 리스트 4.22

```
print(df.median())
```

출력 결과

```
A반      168.5
B반      168.9
dtype: float64
```

확실히 B반이 더 크다.

두 데이터의 관계를 알 수 있다 : 산포도

다음은 산포도를 알아보자.

산포도는 두 데이터의 관계를 알 수 있는 그래프이다. 어떤 데이터와 다른 데이터에 관계가 있는지를 눈으로 보고 확인할 때 사용한다.

예를 들어 신장과 체중에 관계가 있는지를 알아보자. 다음은 어느 반의 신장과 체중 데이터이다(리스트 4.23).

[입력 프로그램] 리스트 4.23

```
%matplotlib inline
import pandas as pd
import matplotlib.pyplot as plt
import seaborn as sns
sns.set(font=["AppleGothic", "Nanum Gothic", "Malgun Gothic"])

data = {
    "신장" :[163.6, 172.6, 163.7, 169.9, 173.9, 166.2, 176.7, 165.4], ↵
    "체중" :[50.5, 63.3, 48.5, 59.8, 69.8, 53.7, 70.3, 51.2]
}
df = pd.DataFrame(data)
df.head()
```

출력 결과

	신장	체중
0	163.6	50.5
1	172.6	63.3
2	163.7	48.5
3	169.9	59.8
4	173.9	69.8

이 데이터를 산포도로 표시해보자. 산포도를 표시할 때는 '데이터 프레임.plot.scatter(x="가로축의 열명", y="세로축의 열명", c="색")'이라고 명령한다.

색의 이름은 "black", "red", "blue", "green" 등과 지정하거나 줄여서 "k"(검정), "r"(빨강), "g"(녹색), "b"(파랑), "y"(노랑), "c"(청록), "m"(마젠타) 등으로 지정할 수 있다.

데이터 분석 명령 : 산포도를 표시한다

- 필요한 라이브러리: pandas、matplotlib
- 명령

```
df.plot.scatter(x="가로축의 열명", y="세로축의 열명", c="색")
plt.show()
```

- 출력 : 지정한 열 데이터 산포도

제목은 '신장과 체중에 관계가 있는가'라고 했다(리스트 4.24).

[입력 프로그램] 리스트 4.24

```
df.plot.scatter(x="신장, y="체중", c="b")
plt.title("신장과 체중에 관계가 있는가? ")
plt.show()
```

LESSON
14

출력 결과

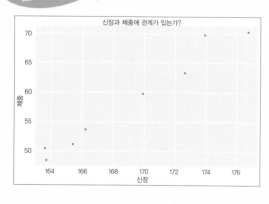

점의 분포를 보면 알 수 있는 것이 있지.

신장과 체중의 분포가 표시됐다.

점이 오른쪽 위를 향해 나열되어 있다. 이 결과를 보면 신장이 크면 체중이 무거워지므로 관계가 있다고 추정할 수 있다.

LESSON

15

그래프를 알기 쉽게 조정한다

중요한 부분을 부각시킬 수는 요령을 익혀보자.

 ## 그래프의 어느 점을 부각시킨다

다양한 그래프를 그릴 수 있게 되었으므로 조금 더 그래프를 쉽게 이해할 수 있는 방법도 살펴보자.

예를 들어 산포도에는 많은 점들이 있는데, '이 값은 이 중 어디에 있을까?'를 생각할 때가 있다. 이와 같이 어느 한 점을 부각시키고 싶을 때는 마커로 표시하여 부각시킬 수 있다. 마커를 표시하려면 그래프를 띄운 후에 'plt.plot(x좌표, y좌표, c="색", marker="마커", markersize="크기"'라고 명령하고, 마커를 추가로 표시할 수 있다(그래프의 종류에 따라 불가능한 경우도 있다). 마커는 "o"(동그라미), "X"(엑스), "v", "^", "<", ">"(삼각) 등의 모양을 지정할 수 있다.

데이터 분석 명령 : 그래프에 눈에 띄는 점 하나를 추가한다

- 필요한 라이브러리: `pandas`、`matplotlib`
- 명령

```
# 그래프를 표시하는 plot 명령
plt.plot(X좌표, Y좌표, c="색", marker="X", markersize=크기)
plt.show()
```

- 출력 : 그래프에 눈에 띄는 점 하나를 추가한다

예를 들어 나의 위치를 마커로 표시한다고 하자. 나의 데이터가 3번째 행이라고 하자. 3번째 행의 X좌표는 'df.iloc[3]["신장"]', Y좌표는 'df.iloc[3]["체중"]'이다(리스트 4.25).

[입력 프로그램] 리스트 4.25

```
sns.set_context("talk")
df.plot.scatter(x="신장", y="체중", c="b", figsize=(12,8))

x=df.iloc[3]["신장"]
y=df.iloc[3]["체중"]
plt.plot(x, y, c="r", marker="X", markersize=15)

plt.title("나는 어디에 위치할까")
plt.show()
```

출력 결과

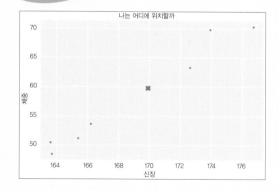

빨간색 x표가 떴다!

 그래프에 선을 긋는다

또, 어떤 점이 어디에 있는지 알 수 있도록 가로세로로 선을 그을 수도 있다. 그래프를 띄운 후 선을 긋는 명령을 추가한다. 수직선은 'plt.axvline(x=X좌표, c="색", linestyle="선의 종류")'라고, 수평선은 'plt.axhline(y=Y좌표, c="색", linestyle="선의 종류")'라고 명령한다(그래프의 종류에 따라 불가능한 경우도 있다).

선의 종류에는 "―"(실선), "――"(파선), "―."(일점쇄선), ":"(점선) 등을 지정할 수 있다.

데이터 분석 명령 : 그래프에 수직선, 수평선을 추가한다

- 필요한 라이브러리 : pandas、 matplotlib
- 명령

  ```
  # 그래프를 표시하는 plot 명령
  plt.axvline(x=X좌표, c="색", linestyle="--")
  plt.axhline(y=Y좌표, c="색", linestyle="--")
  plt.show()
  ```

- 출력 : 그래프에 수직선(axvline), 수평선(axhline)을 추가하다

앞에 나온, 나의 위치에 수직선과 수평선을 추가해보자(리스트 4.26).

[입력 프로그램] 리스트 4.26

```python
df.plot.scatter(x="신장", y="체중", c="b", figsize=(12,8))
plt.title("나는 어디에 위치할까")

x=df.iloc[3]["신장"]
y=df.iloc[3]["체중"]
plt.plot(x, y, c="r", marker="X", markersize=15)

plt.axvline(x=x, c="r", linestyle="--")
plt.axhline(y=y, c="r", linestyle="--")

plt.show()
```

출력 결과

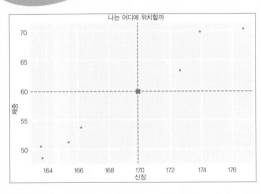

선이 있으니까
몇 cm이고 몇 kg인지
금방 알 수 있네.

제 5 장

이건 흔한 일? 흔치 않은 일?
: 정규분포

오! 히스토그램이 완성됐네!

맞아요.
근데 이걸로 뭘 알 수 있을까요?

좋은 질문이야.
옛날 사람들이 그런 걸 생각하고 좋은 방법을 준비해놓았어.

할아버지 세대의 분일까요?

아니 더 오래됐어.
200년도 더 된 분이야.

그렇게나 오래요!

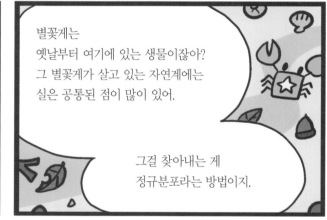

별꽃게는 옛날부터 여기에 있는 생물이잖아?
그 별꽃게가 살고 있는 자연계에는 실은 공통된 점이 많이 있어.

그걸 찾아내는 게 정규분포라는 방법이지.

정규분포?

그래. 공통된 사안을 조사하면서 흔한 일인지 흔치 않은 일인지를 알게 돼.

와!

그럼 알아보자!
준비됐어?

네네!

5장에서 할 일

표준편차

$$표준편차 = \sqrt{분산}$$

표준편차?

정규분포

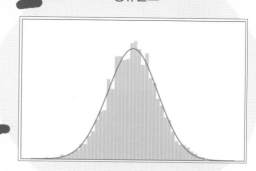

뭔가 여러 가지를
할 수 있을 것 같아!

분산을 정규분포와 비교한다

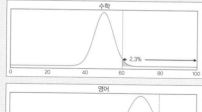

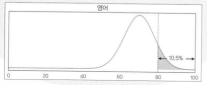

편찻값 , IQ

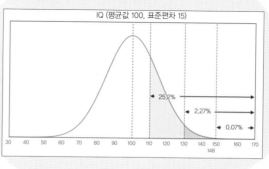

IQ (평균값 100, 표준편차 15)

편찻값이나 IQ를
구할 수 있지!

소개

133

LESSON 16

데이터의 분산을 수치로 나타낸다

데이터의 분산을 수치로 나타내는 분산과 표준편차에 대해서 살펴보자.

히스토그램으로 데이터 분산을 쉽게 확인할 수 있었는데, 원래 데이터의 분산이 그렇게 중요한가요?

데이터 분산을 이용하면 매우 편리할 때가 많지. 자연계에서는 분산의 형태가 비슷한 경우가 많아.

분산의 형태가요?

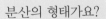

그것을 정규분포라고 하는데, 이 형태를 사용하면 흔한 일인지 또는 흔치 않은 일인지를 금방 알 수 있어.

단지 분산으로 그런 걸 알 수 있어요?

똑똑한 사람들이 찾아낸 편리한 도구지. 그러려면 먼저 표준편차부터 알아보자.

데이터의 분산은 도수분포표나 히스토그램이라는 표나 그래프로 볼 수 있는데, 한 개의 수치로 알 수도 있다. 그것이 바로 표준편차이다.

그러면, 분산은 무엇일까?

구체적인 예를 들어 생각해보자.

이해를 돕기 위해, 평균값이 같고 분산이 다른 두 데이터를 준비했다. 0~100 사이에 흩어져 있는 데이터이다.

우선 A와 B의 평균값을 보자(리스트 5.1).

[입력 프로그램] 리스트 5.1

```python
import pandas as pd
data = {
    "ID": [0,1,2,3,4,5,6,7,8,9],
    "A" : [59, 24, 62, 48, 58, 19, 32, 88, 47, 63],
    "B" : [49, 50, 49, 54, 45, 52, 56, 48, 45, 52]
}
df = pd.DataFrame(data)
print(df["A"].mean())
print(df["B"].mean())
```

출력 결과

평균값은 똑같네.

```
50.0
50.0
```

A와 B는 평균값이 같다. 그러면 이들이 어떤 식으로 분포되어 있는지 그래프로 살펴보자. 산포도를 사용하여 데이터가 흩어져 있는 모양을 점으로 표시해본다. 가로축에 번호의 ID, 세로축에 열 데이터 이름을 지정하여 표시한다. 비교하고 싶으므로 'ylim=(0,100)'으로 설정하고 양쪽 모두 세로축을 맞춘다. 또 평균값(50)에 수평선을 그어둔다.

[입력 프로그램] 리스트 5.2

```python
%matplotlib inline
import matplotlib.pyplot as plt
import seaborn as sns
sns.set(font=["AppleGothic", "Nanum Gothic", "Malgun Gothic"])

df.plot.scatter(x="ID", y="A", color="b", ylim=(0,100))
```

LESSON
16

```
plt.axhline(y=50, c="Magenta")
plt.title("A의 분산 : 크다", fontsize=24)
plt.show()

df.plot.scatter(x="ID", y="B", color="b", ylim=(0,100))
plt.axhline(y=50, c="Magenta")
plt.title("B의 분산 : 작다", fontsize=24)
plt.show()
```

위아래로
흩어져 있네.

출력 결과

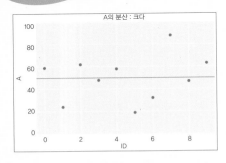
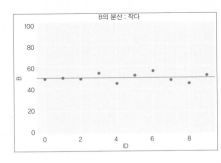

데이터가 평균값에서 위아래로 흩어져 있는 것을 알 수 있다. 얼마나 위아래로 흩어져 있는지를 화살표로 나타내면 이렇게 된다.

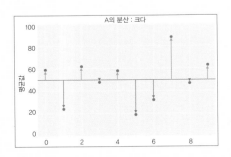
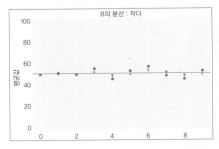

이렇게 위아래로 흩어진 모양을 한 개의 수치로 표현하려면 어떻게 하면 좋을까. 위아래의 편차는 각 데이터와 평균값의 차이이기 때문에, 이것을 합계하고 평균을 구하고자 한다. 즉, 이 데이터 전체는 평균값으로부터 얼마나 위아래로 흩어져 있는지를 한 개의 수치로 나타내려는 것이다.

편차를 한 개의 수치로
나타내는 거야.

평균값에서 얼마나
위아래로 흩어져 있는지를
구하려고 한다.

다만 그대로 차이를 합하면 0이 돼 버린다. 그 말은 원래의 평균값은 위아래의 분산이 0이 되도록 평균한 값이기 때문이다. 평균값의 상하 부분을 합하면 서로 상쇄되어 다시 0으로 돌아오는 것은 당연하다.

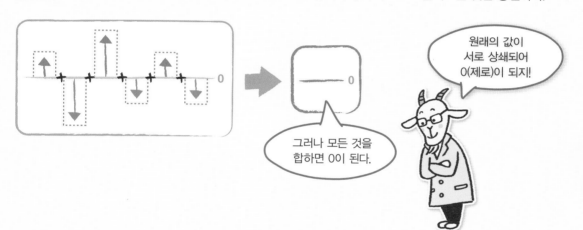

원래의 값이
서로 상쇄되어
0(제로)이 되지!

그러나 모든 것을
합하면 0이 된다.

LESSON
16

플러스 부분과 마이너스 부분이 서로 상쇄되어 0이 되는 것이 문제이므로 마이너스 부분을 플러스로 하자는 아이디어가 나왔다. 각 데이터와 평균값의 차이를 제곱하면, 마이너스가 플러스로 된다. 이렇게 하면 서로 상쇄되지 않는다. 이것을 분산이라고 한다. 데이터가 나뉘어 흩어져 있는 모양을 나타내고 있으므로 분산이다.

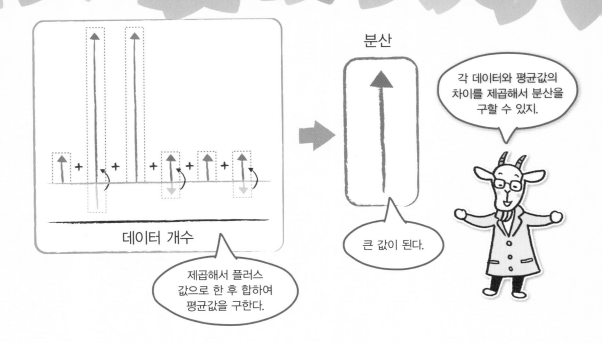

계산할 때는 '분산 = 평균값으로부터의 차의 제곱의 합계 ÷ 데이터 개수'로 구한다.

$$분산 = \frac{(평균값으로부터의 \ 차)^2의 \ 합계}{데이터 \ 개수}$$

판다스로 분산을 구할 때는 '데이터 프레임.var()'라고 명령한다(리스트 5.3). 한 번 해보자.

데이터 분석 명령 : 각 열 데이터의 분산을 구한다

- 필요한 라이브러리 : pandas
- 명령

```
df.var()
```

- 출력 : 각 열 데이터의 분산

[입력 프로그램] 리스트 5.3

```
print(df.var())
```

```
ID          9.166667
A         430.666667
B          12.888889
dtype: float64
```

분산 값이 표시됐다. 모든 열 데이터의 분산을 구하므로 ID의 분산까지 표시되지만, A와 B의 값에만 주목하자. 단지 1~10 사이의 데이터 분산을 알고 싶었는데 430이라는 큰 값이다.

이것은 분산이 제곱한 값을 사용하고 있기 때문으로, 원래의 값이 크면 결과도 점점 커진다. 그래서 제곱했으니까 제곱근으로 원래의 단위로 되돌리는 방법이 제안됐다. 그것이 바로 표준편차이다.

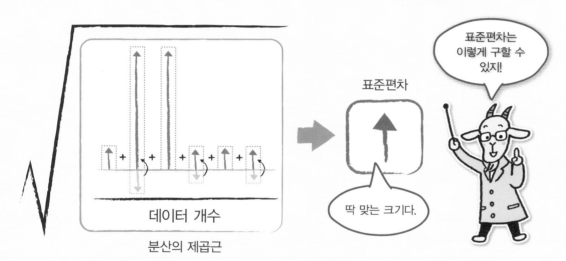

분산의 제곱근

계산할 때는 분산의 제곱근으로 구한다.

$$표준편차 = \sqrt{분산}$$

판다스에서는 '데이터 프레임.std()'라고 명령한다. 한 번 해보자(리스트 5.4).

> 데이터 분석 명령 : 각 열 데이터의 표준편차를 구한다

- 필요한 라이브러리: pandas
- 명령

```
df.std()
```

- 출력 : 각 열 데이터의 표준편차

[입력 프로그램] 리스트 5.4

```
print(df.std())
```

출력 결과

A의 편차가 크다는
것을 알 수 있어요.

```
ID          3.02765
A          20.75251
B           3.59011
dtype: float64
```

결과가 표시됐다. 수치만 봐도 '0~100 사이의 데이터이고 A는 20.8나 되므로 편차가 꽤 있다. B는 3.6 이므로 편차가 작은'것을 알 수 있다. 이와 같이 표준편차는 원래 단위에 맞춘 하나의 수치로 데이터의 편차를 나타낸다는 것이 가능하다.

어느 범위에 어느 정도의 데이터가 있는지 알 수 있다

표준편차는 매우 편리한 값이다. 어느 정도 흩어져 있는지를 알 수 있을 뿐만 아니라 분포가 어떤 형태를 하고 있는 경우에는 어느 범위에 어느 정도의 데이터가 있는지도 알 수 있다. 예를 들어 '이러한 데이터는 전체의 약 68%가 평균값 – 표준편차에서 평균값 + 표준편차 범위에 모여 있다'는 것을 알 수 있다.

시험 삼아 조사해보자. 조금 전의 A 데이터의 평균값과 표준편차를 구하고 A의 범위를 알아보자(리스트 5.5).

[입력 프로그램] 리스트 5.5

```
meanA = df["A"].mean()
stdA = df["A"].std()
print(meanA - stdA, "~", meanA + stdA)
```

```
29.247490111635493  ～  70.7525098883645
```

'A의 데이터는 약 68%가 29.2~70.8의 범위에 있다'는 결과가 나왔다.
또한 B 데이터의 평균값과 표준편차를 구하고 B의 범위를 알아보자(리스트 5.6).

[입력 프로그램] 리스트 5.6

```
meanB = df["B"].mean()
stdB = df["B"].std()
print(meanB - stdB, "～", meanB + stdB)
```

```
46.409890128577  ～  53.590109871423
```

'B 데이터는 약 68%가 46.4~53.6의 범위에 있다'는 결과가 나왔다. 정말일까. 이 그래프 위에 선을 그어보자. A의 29.2와 70.8의 높이와 B의 46.4와 53.6의 높이에 수평선을 그어보았다.

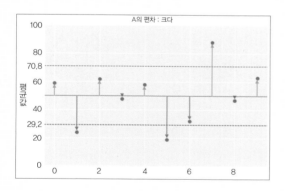

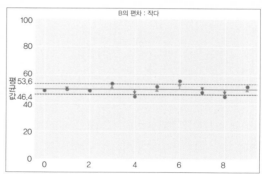

데이터가 적기 때문에 오차는 있는 것 같지만 '표준편차의 선으로 둘러싸인 범위가 데이터의 약 68%의 범위를 나타내고 있다'는 것을 알 수 있다.

이것은 산포도 안에 표준편차 선을 그은 것인데, 히스토그램에서 표준편차는 어떻게 될까. 한 번 시도 해보자.

우선 이 데이터를 히스토그램으로 표시한다. 비교해보기 위해 'ylim=(0,6)'으로 설정하고 모두 세로축 을 맞춘다(리스트 5.7).

[입력 프로그램] 리스트 5.7

```
bins=[10,15,20,25,30,35,40,45,50,55,60,65,70,75,80,85,90,95,100]

df["A"].plot.hist(bins=bins, color="c",ylim=(0,6))
plt.title("A의 편차 : 크다")
plt.show()

df["B"].plot.hist(bins=bins, color="c",ylim=(0,6))
plt.title("B의 편차 : 작다")
plt.show()
```

출력 결과

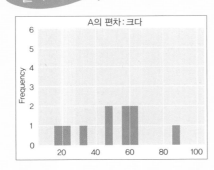

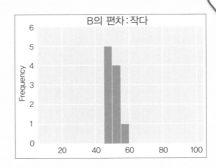

> 앞에 나온 산포도를 옆으로 눕힌 것 같아.

히스토그램은 가로축이 계급이고 세로축이 도수이다. 가로축은 그 데이터가 취할 수 있는 값이기 때문에 평균값도 가로축의 어딘가에 있다. 또 약 68%의 범위를 나타내는 값도 가로축의 어딘가에 있는 것이다.

그러므로 '평균값', '평균값－표준편차', '평균값＋표준편차'의 위치에 수직선을 그어보자. 알기 쉽게 다른 색으로 구분해본다. 평균값을 자주색 선으로, 약 68%의 범위를 파란색 점선과 빨간색 점선으로 표시한다(리스트 5.8).

[입력 프로그램] 리스트 5.8

```python
df["A"].plot.hist(bins=bins, color="c",ylim=(0,6))
plt.axvline(x=meanA, color="magenta")
plt.axvline(x=meanA - stdA, color="blue", linestyle="--")
plt.axvline(x=meanA + stdA, color="red", linestyle="--")
plt.title("A의 편차 : 크다")
plt.show()

df["B"].plot.hist(bins=bins, color="c",ylim=(0,6))
plt.axvline(x=meanB, color="magenta")
plt.axvline(x=meanB - stdB, color="blue", linestyle="--")
plt.axvline(x=meanB + stdB, color="red", linestyle="--")
plt.title("B의 편차 : 작다")
plt.show()
```

출력 결과

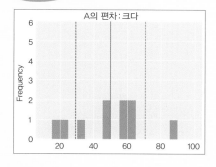

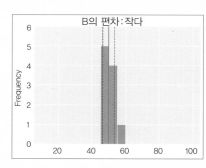

범위를 알았다!

LESSON
16

데이터가 적기 때문에 오차는 있지만 히스토그램으로 봐도 **표준편차 선으로 둘러싸인 범위가 데이터의 약 68%의 범위를 나타내고 있다**는 것을 알 수 있다.

박사 님, 평균값이니 표준편차니 하는 것은, 단지 숫자만 보고 어떻게 이런 걸 알 수 있어요? 약 68%와 같이 왜 어중간한 숫자인 거죠?

그건 정규분포라는 분포에 비밀이 있어. 그 부분은 다음에 설명할게.

자연적인 편차

자연계의 편차를 나타낼 때 편리한 정규분포에 대해 알아보자.

정규분포란 좌우대칭이 범종과 같은 벨 모양을 한 분포야.

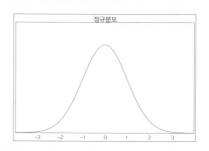

그렇네요. 종 같아요. 모양은 귀여운데 정규분포라는 딱딱한 이름 이네요.

정규분포란 '정식으로 정해진 분포'라는 딱딱한 의미가 아니라, '자 연계에서 극히 평범한 흔한 분포'라는 의미란다.

이런 모양이 많이 있어요? 저는 본 적이 없어요.

히스토그램을 사용하면 보이지. 해볼까?

예, 재미있을 거 같아요.

정규분포는 종 모양

자연계에서는 분포의 대부분이 정규분포에 가깝다.

예를 들면 나무에 열린 귤의 크기에는 편차가 있는데, 그 분포는 정규분포에 가깝다. 귤 무게의 편차를 히스토그램으로 알아보자.

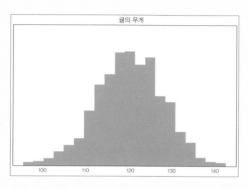

자연스러운 모양은 종 모양과 비슷하네.

대체로 가운데를 중심으로 비슷한 무게가 흩어져 있고 극단적으로 작거나 극단적으로 큰 것은 거의 없다. 매우 자연스러운 느낌이다.

우리 인간도 자연계의 일원이다. 그래서 신장의 분포 등도 정규분포에 가까운 것으로 알려져 있다. 전국의 15세 학생의 신장 분포를 히스토그램으로 알아보자.

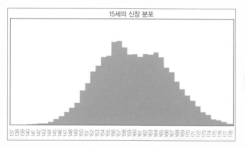

산 정상이 좀 이상한 모양을 하고 있어요.

LESSON
17

산 정상의 모양이 왠지 이상하다. 그 이유는 남녀의 데이터가 섞인 채 그대로 데이터를 사용했기 때문이다. 남녀를 추출해서 그래프를 나누어보자.

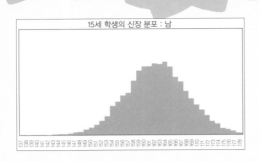

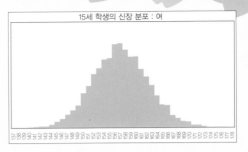

남녀로 나누면 각각 정규분포 모양에 가까워졌음을 알 수 있다.

왜 정규분포는 자연계에서 극히 흔한 분포일까?

왜 정규분포는 자연계에서 극히 흔한 분포일까?

유의할 점은 자연계에서 일어나는 일은 정규분포가 된다고 정해져 있는 것은 아니라는 것이다.

다만 자연현상이나 사회현상의 많은 사례들을 보면 정규분포에 가까운 예가 많아 관련 있어 보이는 경우가 많다는 뜻이다. 평균값 부근의 일은 자주 일어나고 평균값으로부터 멀어지면 쉽게 일어나지 않게 되는 분포이다. 감각적으로 이해하기 쉬운 현상이다. 이 현상의 커브를 독일 수학자 가우스가 오차 연구에서 발견했는데, 그의 이름을 따서 가우스 분포라고도 한다. 이 커브 모양은 어려운 계산이 필요하지만 구할 수 있다.

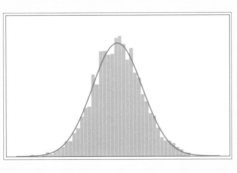

가우스가
발견한 거구나.

여기서 중요한 포인트가 있다. 자연계의 일은 정규분포가 되는 것이 많다는 점과 그 커브는 계산으로 구할 수 있다는 점이다. 즉, 자연계에서 정규분포가 되는 현상은 계산으로 구할 수 있다는 얘기이다. 자연계의 현상을 계산으로 설명할 수 있다는 것은 매우 편리하다. 그렇기 때문에 통계학의 많은 부분에서 정규분포가 사용되는 것이다.

단 이 커브의 형태가 우연하게 비슷할 뿐만 아니라 어떤 개념에 기초하고 있다는 것이다. 자연계의 편차는 오차가 축적되어 생긴 거라는 생각이다. 어려운 말로 중심극한정리라고 한다. 귤의 무게나 사람의 남녀별 신장 등은 많은 유전자의 조합이나 여러 가지 환경의 영향에 의해서 변화한다. 그러한 많은 요인의 흐름, 즉 많은 오차가 겹쳐진 결과 무게와 신장의 차이가 생겨났다는 것이다. 그리고 오차의 축적은 수학적으로 좌우 균형을 이룬 범종과 같은 종 모양의 정규분포 커브가 된다는 것을 알 수 있다. 오차의 축적은 생물에게만 국한되지 않는다. 하늘에서 내리는 빗방울의 흩날림이나 공장에서 만든 쿠키 무게의 편차 등 여러 가지 현상도 정규분포에 가깝다.

갈톤보드 모의시험

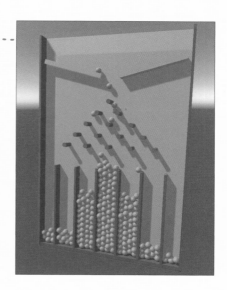

그 중 하나에 갈톤보드라는 장난감이 있다. 갈톤보드란 못을 박은 판으로, 위에서 구슬을 많이 떨어뜨리면 아래에 쌓인 구슬이 정규분포에 가깝게 분포한다.

위에서 떨어뜨린 구슬은 못에 닿아 1/2 확률로 무작위로 좌우로 나뉘어 떨어진다. 이것을 여러 단계 반복하면서 떨어진다. 즉 1/2의 랜덤이 겹쳐지므로 정규분포에 가까워진다. 갈톤보드를 파이썬으로 시뮬레이션해보자(파이썬 프로그램 부분은 자세히 설명하지 않겠지만 〈Python 1학년〉을 마쳤다면 쉽게 알 수 있을 것이다). 자, 그럼 실행해보자. 우선 1단의 못(한 개의 못)에 구슬을 1만 개 떨어뜨려 본다(리스트 5.9).

LESSON
17

재미있겠다!
나도 놀고 싶어.

[입력 프로그램] 리스트 5.9

```python
%matplotlib inline
import random
import pandas as pd
import matplotlib.pyplot as plt
import seaborn as sns
sns.set(font=["AppleGothic", "Nanum Gothic", "Malgun Gothic"])


# 갈톤보드 표시 함수 : 단 수, 구슬 수를 지정한다
def galton(steps, count) :
    # 구슬이 떨어진 위치를 넣을 빈 리스트를 준비한다
    ans = []
    # 지정된 구슬 수만큼 반복한다
    for i in range(count):
        # 구슬을 떨어뜨린 첫 번째 위치를 50으로 한다
        val = 50
        # 지정된 단 수만큼 반복한다
        for j in range(steps):
            # 0이나 1의 랜덤으로 0이면 -1, 1이면 +1
            if random.randint(0, 1) == 0:
                val = val - 1
            else :
                val = val + 1
        # 최종적으로 구슬이 떨어진 위치를 리스트에 추가한다
        ans.append(val)

    # 낙하한 결과 리스트를 데이터 프레임으로 해서
    df = pd.DataFrame(ans)
    # 0번째 열(떨어뜨린 결과의 열)을 히스토그램으로 표시
    df[0].plot.hist()
    plt.title(str(steps)+"단: "+str(count)+"개")
    plt.ylabel("")
    plt.show()

galton(1, 10000)
```

※ 앞에 # 가 붙은 코멘트 행은 설명이므로 입력하지 않아도 된다.

출력 결과

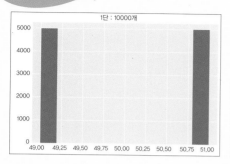

깔끔하게 오른쪽과 왼쪽으로 갈렸네.

50에서 1단의 못(한 개의 못)에 떨어뜨린 구슬은 좌우로 갈라질 수밖에 없기 때문에 49와 51에 약 5,000개씩 들어간다. 다음은 2단의 못(세 개의 못)에 구슬을 1만 개 떨어뜨려보자. 갈톤보드의 함수는 만들어 놓았으므로 값을 바꾸어 1행 명령만 해도 실행할 수 있다(리스트 5.10).

[입력 프로그램] 리스트 5.10

```
galton(2, 10000)
```

출력 결과

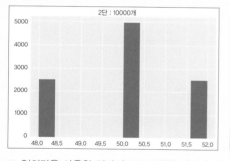

가운데가 높은 것은 오른쪽과 왼쪽에서 모였기 때문이지.

LESSON
17

※ 임의값을 사용한 결과이므로 실행할 때마다 결과는 조금 달라진다.

2단의 못(세 개의 못)에서는 48, 50, 52 세 종류의 결과가 나왔다. 48과 52에 약 2,500개, 가운데 50에는 약 5,000개가 들어갔다.

다음은 6단의 못, 10단으로 못과 단을 늘려보자(리스트 5.11).

[입력 프로그램] 리스트 5.11

```
galton(6, 10000)
galton(10, 10000)
```

정규분포에 가까운
모양이 됐다.

출력 결과

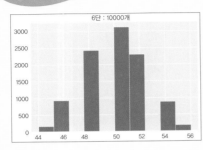

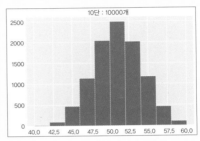

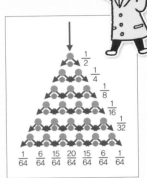

10단 정도가 되니까 상당히 정규분에 가까워졌다. 이와 같이 단수를 늘려 오차가 누적되면 정규분포
가 된다.

이번에는 구슬을 1만 개 떨어뜨리던 것을 10개로 줄여 시도해보자(리스트 5.12).

[입력 프로그램] 리스트 5.12

```
galton(10, 10)
```

출력 결과

어머나, 모양이 흐트러졌네.

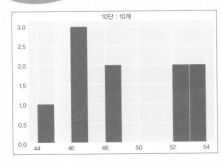

못이 10단 있어도 데이터가 10개밖에 없으면 정규분포가 되지는 않는다. 따라서 데이터 수가 많은 것
도 중요한 요소임을 알 수 있다.

정규분포는 계산으로 구할 수 있다

다음은 정규분포의 '계산으로 모양을 구할 수 있다'라는 측면에서 알아보자.

평균값을 알면 정규분포의 좌우 위치를 알 수 있다. 예를 들어 평균값이 −2, 0, 2일 때는 아래 그림과 같이 좌우로 이동한다.

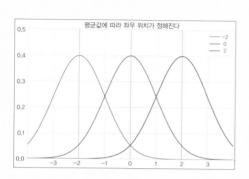

깔끔하게 이동하고 있네.

표준편차를 알면 정규분포 커브의 기울기 상태 정도를 알 수 있다. 표준편차가 작으면 급커브를, 표준편차가 크면 완만한 커브를 그린다. 예를 들어 표준편차가 0.5, 1, 2일 때는 아래 그림과 같이 변화한다.

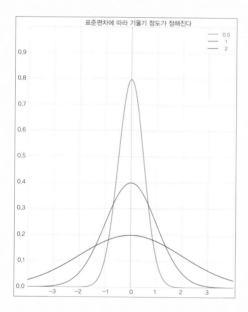

평균값, 표준편차에 따라서 정규분포의 모양이 정해져요.

LESSON
17

즉, 평균값과 표준편차를 알면 정규분포의 모양을 알 수 있다는 얘기이다. 예를 들어 어느 반의 신장 평균값이 166.8cm, 표준편차가 5.8cm라고 알고 한다면 어떤 정규분포가 되는지를 알 수 있다.

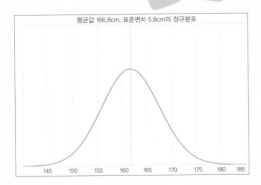

계산을 해서 커브 형태를 알 수 있으면, 그 커브로 둘러싸인 어느 범위의 면적을 계산으로 구할 수 있다. 예를 들면 가운데(평균값)에서 전후 표준편차까지의 범위 면적도 알 수 있다. 전체의 약 68%이다. 히스토그램은 면적이 데이터 양을 나타내기 때문에 면적의 비율이 곧 데이터의 비율이다. 가운데(평균값)에서 앞뒤로 표준편차까지의 범위에 전체의 약 68%의 데이터가 있다고 한 것은 이 얘기였다.

또한 표준편차의 2배, 3배에 달하는 범위의 면적도 알 수 있다.

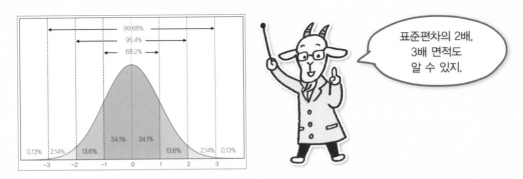

다양한 범위의 %를 알고 있기 때문에 조합하면 여러 가지 %를 알 수 있다. '평균값 ± 표준편차 범위'에 68.2%, '평균값 ± 표준편차 × 2의 범위'에 95.4%, '평균값 ± 표준편차 × 3'의 범위에 99.68%의 데이터가 있음을 알 수 있다.

또한 '어떤 값을 기준으로 왼쪽의 %'나 '어떤 값을 기준으로 오른쪽의 %'도 알 수 있다. 예를 들어 '평균값 + 표준편차 × 2에서 왼쪽'은 50% + 34.1% + 13.6%로 97.7%이다.

반대로 '평균값 + 표준편차 × 2에서 오른쪽'은 100% − 97.7%로, 2.3%이다(100%에서 빼고 구한 것은 표준편차 × 3 이후에도 표준편차 × 4, × 5 등 데이터가 조금은 있다고 생각되기 때문이다).

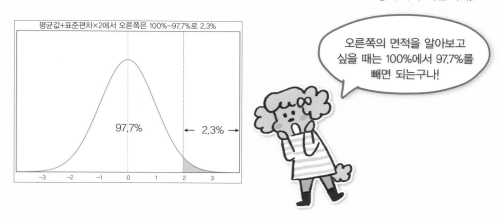

어떤 값에서 왼쪽이나 오른쪽의 %를 알면 아래에서 몇%, 위에서 몇%의 값인지를 알 수 있다. 예를 들어 '전국 신장의 평균값 + 표준편차 × 2'의 신장을 알면, 위에서부터 2.3%에 해당하는 '비교적 드문 일'임을 알 수 있다.

정규분포의 어디에 있는 값인가에 따라 흔한 것인지, 흔치 않은 것인지를 알 수 있다.

LESSON

18

이 값은 흔하다?
흔치 않다?

누적분포함수를 사용하면 어떤 값이 흔치 않은지를 알 수 있으므로 시도
해보자.

편리한 것은 알겠는데, '표준편차'나 '표준편차의 2배'가 아닌, 좀 더
이해하기 쉬운 값을 알고 싶을 때는 어떻게 해요?

어려운 계산을 하면 알 수 있지. 그럴 때야말로 라이브러리를 사용
하면 좋아. 통계 라이브러리 scipy.stats의 정규분포에 관한 norm을
사용하면 바로 값을 구할 수 있어.

와~ 라이브러리는 고마운 존재네요.

scipy.stats 라이브러리에 들어 있는 정규분포용 함수를 사용하면 어려운 계산이 필요한 수치도 간단
하게 구할 수 있다.

예를 들어 'norm.cdf(정규분포의 누적분포함수)'를 사용하면 어떤 값이 전체의 아래에서 몇%인지를 구
할 수 있다. 준비할 것은 '알고 싶은 값', '평균값', '표준편차' 세 가지뿐이다.

'norm.cdf(x=알고 싶은 값, loc=평균값, scale=표준편차'라고 명령하면 어떤 값이 전체의 아래에서
몇 %인지를 0~1의 값으로 돌려준다.

데이터 분석 명령 : 어떤 값은 아래에서 몇 %에 해당하는가?

- 필요한 라이브러리 : `scipy.stats`
- 명령

```
cdf = norm.cdf(x=알고 싶은 값, loc=평균값, scale=표준편차)
```

- 출력 : 어떤 값은 아래에서 몇 %에 해당하는가?

예를 들면, 신장에서 '평균값이 166.8cm, 표준편차가 5.8cm'인 정규분포 데이터에서 160.0cm는 아래에서 몇 %의 위치에 있는지를 알아본다(리스트 5.13).

[입력 프로그램] 리스트 5.13

```python
from scipy.stats import norm

mean = 166.8
std = 5.8
value = 160.0

cdf = norm.cdf(x=value, loc=mean, scale=std)
print(value,"는, 아래에서", cdf*100,"%")
```

출력 결과

```
160.0은 아래에서 12.051548220947089%
```

160.0cm는 아래에서 12.05%임을 알 수 있다.

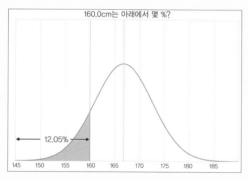

이 반에서 160cm는 아래에서 12.5%구나.

반대로 어떤 값이 위에서 몇 %인지를 알아보려면 norm.cdf의 값을 1(100%)에서 빼면 알 수 있다.

예를 들면, 평균값이 166.8cm, 표준편차가 5.8cm인 정규분포 데이터에서 '178.0cm는 위에서 몇 %인지'를 '1-cdf'로 구해본다(리스트 5.14).

LESSON
18

[입력 프로그램] 리스트 5.14

```
mean = 166.8
std = 5.8
value = 178.0

cdf = norm.cdf(x=value, loc=mean, scale=std)
print(value,"는, 위에서", (1-cdf)*100,"%")
```

출력 결과

```
178.0은 위에서  2.6739394108996173%
```

178.0cm는 위에서 2.67%임을 알 수 있다.

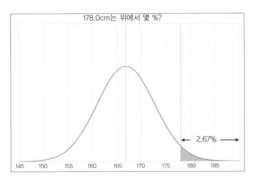

이 반에서
178cm면 위에서
2.67%구나. 높네.

'norm.ppf(정규분포의 퍼센트점 함수)'를 사용하면 '전체의 아래에서 OO%에 해당하는 값은 무엇인가?'를 구할 수 있다. 준비할 것은 '아래에서 몇 %를 알고 싶은가(0~1)', '평균값', '표준편차' 세 가지뿐이다.
'norm.ppf(q=퍼센트 값, loc=평균값, scale=표준편차'라고 명령하면, 전체의 아래에서 OO%에 해당하는 값이 무엇인가를 돌려준다.

데이터 분석 명령 : 아래에서 OO%에 해당하는 값은 무엇인가?

- 필요한 라이브러리: `scipy.stats`
- 명령

```
ppf = norm.ppf(q=퍼센트 값, loc=평균값, scale=표준편차)
```

- 출력 : 아래에서 OO%에 해당하는 값은 무엇인가?

예를 들면, 앞에서와 같은 신장에서 '평균값이 166.8cm, 표준편차가 5.8cm'인 정규분포 데이터에서 아래에서 20%는 몇 cm인지를 알아보자(리스트 5.15).

[입력 프로그램] 리스트 5.15

```
mean = 166.8
std = 5.8
per = 0.20

ppf = norm.ppf(q=per, loc=mean, scale=std)
print("아래에서", per * 100, "%의 값은", ppf, "이다.")
```

출력 결과

아래에서 20.0%의 값은 161.91859684527710이다.

아래에서 20%는 161.9cm임을 알 수 있다.

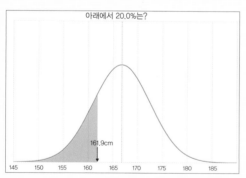

이 반의 아래에서 20% 신장은 161.9cm구나.

반대로 '위에서 ○○%에 해당하는 값은 무엇인지'를 알아보려면 norm.ppf에 입력하는 확률을 1(100%)에서 빼면 알 수 있다.

예를 들면, 평균값이 166.8cm, 표준편차가 5.8cm인 정규분포 데이터에서 '위에서 1%는 몇 cm인지'를 '1-per'을 입력해서 알아보자(리스트 5.16).

[입력 프로그램] 리스트 5.16

```
mean = 166.8
std = 5.8
per = 0.01


ppf = norm.ppf(q=(1-per), loc=mean, scale=std)
print("위에서", per * 100, "%의 값은", ppf, "이다.")
```

출력 결과

위에서 **1.0%**의 값은 **180.29281766943369**이다.

위에서 1%는 약 180.3cm임을 알 수 있다.

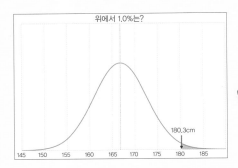

위에서 1.0%는?

180.3cm

이 반에서 위에서 1%의 신장은? 짠, 약 180.3cm네요!

 ## 편차가 다를 때 데이터 비교

'norm.cdf'를 사용하면 편차가 다른 데이터에서 어느 쪽이 흔치 않은지를 알아볼 수 있다.

예를 들면, 시험에서 수학은 60점, 영어는 80점을 맞았다고 하자. 어느 쪽이 잘 했을까? 단 평균값은 수학이 50점, 영어는 70점이고, 표준편차는 수학이 5점, 영어가 8점이었다.

	수학	영어
점수	60	80
평균값	50	70
표준편차	5	8

드디어 시험으로 이야기가 넘어갔네.

얼핏 보면, 80점인 영어를 더 잘한 것 같지만 평균값과 표준편차가 다르다. 이럴 때 '두 개의 점수가 위에서 몇 %로 흔치 않은지'를 비교하면 어느 쪽이 더 잘 했는지를 알 수 있다(리스트 5.17).

[입력 프로그램] 리스트 5.17

```python
from scipy.stats import norm

scoreM=60
meanM = 50
stdM = 5

scoreE=80
meanE = 70
stdE = 8

cdf = norm.cdf(x=scoreM, loc=meanM, scale=stdM)
print("수학", scoreM, "점은 위에서", (1-cdf)*100, "%")

cdf = norm.cdf(x=scoreE, loc=meanE, scale=stdE)
print("영어", scoreE, "점은 위에서", (1-cdf)*100, "%")
```

출력 결과

```
수학  60점은 위에서  2.275013194817921%
영어  80점은 위에서  10.564977366685536%
```

LESSON
18

이 결과를 보면, 영어는 80점으로 위에서 10.6%였다. 수학은 60점이지만 위에서 2.3%이기 때문에 더 흔치 않은 점임을 알 수 있다. 따라서 수학을 더 잘 했다고 할 수 있다. 참고로 정규분포로 표시하면 훨씬 이해하기 쉽다.

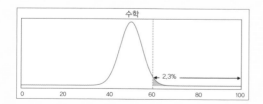

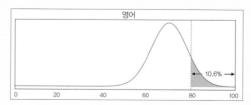

이와 같이 '편차가 다른 데이터에서 어느 쪽이 흔치 않은지'를 비교할 수 있다.

LESSON
19

이 데이터는 자연적인 편차?

데이터를 정규분포와 비교해서 자연적인 편차를 확인해보자.

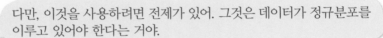
와~ 표준편차는 편리하네요! 이제 뭐든 할 수 있을 것 같아요.

다만, 이것을 사용하려면 전제가 있어. 그것은 데이터가 정규분포를 이루고 있어야 한다는 거야.

아, 그렇구나. 모양이 다르면 사용할 수 없는 거죠.

입수한 데이터가 정규분포가 아닌 현상일 수도 있고, 데이터 수가 적어서 정규분포가 되지 않을 수도 있어.

그럼 어떻게 해야 해요?

방법은 여러 가지가 있는데, 일단은 히스토그램으로 확인해보자.

히스토그램은 맷플롯립의 '데이터 프레임.plot.hist(bins=bins)'로 표시할 수 있지만 시본의 'sns.dist-plot(데이터 프레임)'을 사용하면 더 편리한 기능을 활용할 수 있다. '만약 데이터가 더 많다면 어떻게 될까(커널 밀도 추정)'라는 예측 커브를 겹쳐 표시할 수도 있다. 그리고 'fit=norm'이라고 하는 옵션을 붙이면 '만약 정규분포가 되면 어떤 모양을 띨 것인가'하는 것까지 추정하고 겹치는 기능까지 가능하다.

데이터 분석 명령 : 열 데이터의 히스토그램을 표시한다(정규분포, 추정 커브)

- 필요한 라이브러리:pandas、matplotlib、seaborn
- 명령

```
sns.distplot(df["열명"], fit=norm, fit_kws={"color":"색"})
plt.show()
```

- 출력 : 열 데이터의 히스토그램

예를 들어 생각해보자. 여기서는 넘피(NumPy) 라이브러리를 사용하여 데이터를 자동 생성해보자. 'random.randint(최솟값, 최댓값, 개수)' 명령을 사용하면 최솟값에서 최댓값까지 특정 구간에 치우쳐 있지 않은 랜덤 값을 만들 수 있다.

'random.normal(평균값, 표준편차, 개수)' 명령을 사용하면 중앙이 가장 많은 정규분포가 되는 랜덤 값을 만들 수 있다. 이 두 명령을 사용하여 두 종류의 랜덤 데이터를 만들어 비교해보자. 알기 쉽게 추정되는 정규분포 선은 빨간색으로 한다(리스트 5.18).

[입력 프로그램] 리스트 5.18

```
%matplotlib inline
import pandas as pd
import matplotlib.pyplot as plt
import seaborn as sns
import numpy as np
from scipy.stats import norm
sns.set(font=["AppleGothic", "Nanum Gothic", "Malgun Gothic"])

df = pd.DataFrame({
    "A" : np.random.randint(0, 100,  15),
    "B" : np.random.normal(50, 10, 15)
})

sns.distplot(df["A"], fit=norm, fit_kws={"color":"red"})
plt.title("치우쳐 있지 않은 랜덤 값")
plt.show()
```

LESSON
19

```
sns.distplot(df["B"], fit=norm, fit_kws={"color":"red"})
plt.title("정규분포가 될 것 같은 랜덤 값")
plt.show()
```

출력 결과

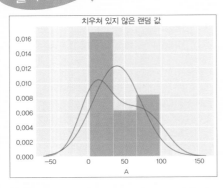

데이터가
15개 정도면 형태를
알 수 없지.

뭐가 뭔지 잘 모를 것이다. 15개 정도로는 데이터가 너무 적으니 1,500개로 다시 시도해보자(리스트 5.19).

[입력 프로그램] 리스트 5.19

```
df = pd.DataFrame({
    "A" : np.random.randint(0, 100, 1500),
    "B" : np.random.normal(50, 10, 1500)
})

sns.distplot(df["A"], fit=norm, fit_kws={'color':'red'})
plt.title("치우쳐 있지 않은 랜덤 값")
plt.show()

sns.distplot(df["B"], fit=norm, fit_kws={'color':'red'})
plt.title("정규분포가 될 것 같은 랜덤 값")
plt.show()
```

출력 결과

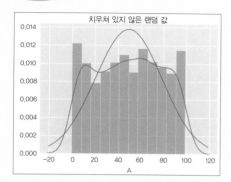
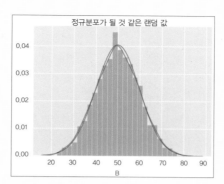

※ 랜덤을 사용한 결과이기 때문에 실행할 때마다 결과는 조금씩 달라진다.

이 정도로 수가 많아지면 형태가 뚜렷하게 보인다. A는 정규분포와 많이 다르다. 반대로 B는 정규분포와 상당히 가까워졌다. 다만 정규분포는 어디까지나 이상적인 형태이므로 현실의 데이터와는 차이가 있다는 것을 잊지 않도록 한다.

LESSON
19

LESSON 20

편차가 다른 데이터를 비교할 수 있다

편찻값과 IQ도 정규분포를 이용한다. 어떤 경우인지 알아보자.

앞에서 'norm.cdf'를 사용하면 편차가 다른 데이터라도 어느 쪽이 더 좋은 성적인지 알 수 있다고 말했는데, 그보다 좀 더 일반적인 방법이 있지.

어떤 방법이요?

바로 편찻값이야.

네? 그게 무슨 말이에요?

아까는 다른 형태의 정규분포였으니까 비교할 때 각각 계산했지만, 같은 형태의 정규분포로 정리하면 금방 비교할 수 있지.

그렇구나.

편찻값은 데이터를 '평균값은 50, 표준편차는 10'으로 설정한 것으로, 같은 형태의 정규분포로 정리하는 방법이야.

그렇구나. 모양이 같으면 그대로 비교할 수 있는 거구나.

편찻값: 평균값은 50

Python 라이브러리를 사용하면 어떤 값이 전체 상위 몇 %인지를 구할 수 있지만, 일반적으로는 계산하는 것이 힘들다.

그래서 미리 평균값은 50, 표준편차는 10으로 해놓으면 비교하기 쉽다. 그것이 편찻값이다. 평균값이 50, 표준편차가 10이라는 정규분포를 대응표 등으로 미리 준비해놓으면 누구라도 사용할 수 있다. 자신의 편차값을 '(자신의 점수 – 평균점) ÷ 표준편차 × 10 + 50'이라고 계산한 후 대응표와 비교하면 자신의 점수가 상위 몇 %인지를 대충 알 수 있는 것이다.

하지만 Python 라이브러리가 있으면 편찻값이나 대응표가 없어도 norm.cdf를 사용해 알아볼 수도 있다. 왜냐하면 편찻값은 평균값 50, 표준편차 10인 정규분포이기 때문이다.

예를 들어 편찻값 60, 70, 80이 위에서 몇 %가 되는지를 살펴보자(리스트 5.20).

[입력 프로그램] 리스트 5.20

```python
from scipy.stats import norm

scorelist = [60, 70, 80]
for score in scorelist:
    cdf = norm.cdf(x=score, loc=50, scale=10)
    print("편찻값",score, "은 위에서", (1-cdf) * 100, "%")
```

출력 결과

```
편찻값  60은 위에서 15.865525393145708%
편찻값  70은 위에서 2.275013194817921%
편찻값  80은 위에서 0.13498980316301035%
```

반대로 상위 몇 %에 들어가기 위해 필요한 편찻값은 norm.ppf로 조사할 수 있다.

상위 15.86%, 2.275%, 0.134%에 들어가기 위해 필요한 편찻값을 알아보자(리스트 5.21).

[입력 프로그램] 리스트 5.21

```
perlist = [0.1586, 0.02275, 0.00134]
for per in perlist:
    ppf = norm.ppf(q=(1-per), loc=50, scale=10)
    print("위에서", per * 100, "% 이상에 들어가려면 편찻값",ppf,"이상이 필요")
```

출력 결과

상위 15.86% 이상에 들어가려면 편찻값 60.002283757327085 이상이 필요

상위 2.275% 이상에 들어가려면 편찻값 70.00002443899604 이상이 필요

상위 0.134% 이상에 들어가려면 편찻값 80.02240904267309 이상이 필요

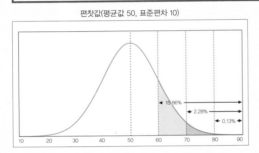

편찻값(평균값 50, 표준편차 10)

IQ : 평균값은 100

편찻값과 비슷한 것에 IQ(지능지수)가 있다. 사실 이것도 미리 평균값은 100, 표준편차는 15(또는 24)라고 정해둠으로써 비교할 수 있도록 한 것이다. 자신의 IQ를 보면 자신이 전체의 어느 정도의 위치인지를 바로 알 수 있다.

IQ도 norm.cdf를 사용해서 알아볼 수 있다. IQ(15)는 평균값 100, 표준편차 15인 정규분포로 조사하면 된다.

예를 들어 IQ 110, 130, 148이 상위 몇 %가 되는지를 알아보자(리스트 5.22).

[입력 프로그램] 리스트 5.22

```
from scipy.stats import norm

std = 15
IQlist = [110, 130, 148]
for IQ in IQlist:
    cdf = norm.cdf(IQ, loc=100, scale=std)
    print("IQ", IQ, "은 위에서", (1-cdf) * 100, "%")
```

출력 결과

```
IQ 110은 위에서 25.24925375469229%

IQ 130은 위에서 2.275013194817921%

IQ 148은 위에서 0.06871379379158604%
```

퀴즈를 풀 수 있는
사람의 IQ는
이런 느낌일까~

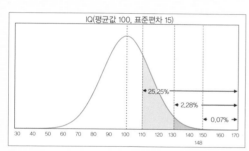

LESSON
20

그러나 IQ는 표준편차 15인 것과 24인 것이 있어서 상위 몇 %인지가 달라진다. 이번에는 IQ 110, 130, 148을 표준편차 24로 알아보자(리스트 5.23).

[입력 프로그램] 리스트 5.23

```
std = 24
IQlist = [110, 130, 148]
for IQ in IQlist:
    cdf = norm.cdf(IQ, loc=100, scale=std)
    print("IQ", IQ, "는 위에서", (1-cdf) * 100, "%")
```

출력 결과

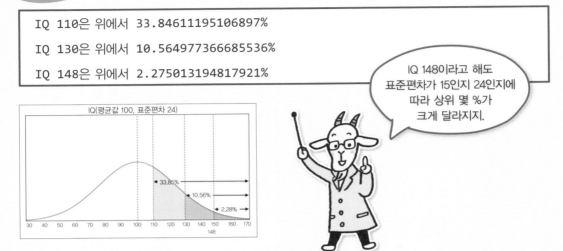

출력 결과

IQ 110은 위에서 33.84611195106897%

IQ 130은 위에서 10.564977366685536%

IQ 148은 위에서 2.275013194817921%

IQ 148이라고 해도
표준편차가 15인지 24인지에
따라 상위 몇 %가
크게 달라지지.

표준편차가 다르면 희소성이 상당히 다르다는 것을 알 수 있다. 같은 IQ 148이라도 표준편차가 24라면 위에서 2.28%이므로 대단하다는 느낌이 들지만, 표준편차가 15라면 위에서 0.07%이므로 엄청 큰 차이가 생긴다.

제 6 장

관계로 예측하자 :
회귀분석

박사 님! 잠깐만요!

뭐야!

기온이 높을 때 별꽃게는 무거운 별 알갱이를,
낮을 때는 가벼운 별 알갱이를 내보내는 것 같아요.

기온

무거운
별 알갱이

가벼운
별 알갱이

그거! 재미있네.

그렇죠?
하지만 모든 데이터를 본 건 아니여서 확실한 건
모르겠어요.

응. 그렇네.

저는
기온과 알갱이 크기가
관계가 있는지 알아보고
싶어요.

오! 좋은 생각인데.
연관성을 통해 예측이 가능하지.
그걸 회귀분석이라고 해.

오우!

자 그럼 알아볼까!

왜 또
명탐정이
된 거지!?

수수께끼는
분명 풀릴 거야!

6장에서 할 일

상관계수

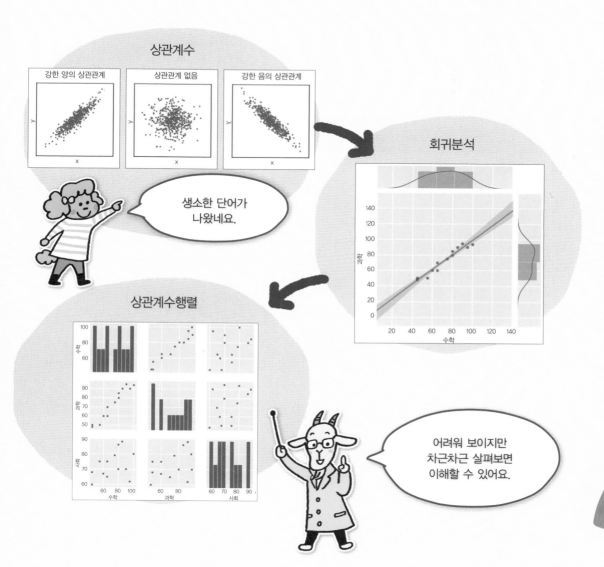

강한 양의 상관관계

상관관계 없음

강한 음의 상관관계

생소한 단어가 나왔네요.

회귀분석

상관계수행렬

어려워 보이지만 차근차근 살펴보면 이해할 수 있어요.

소개

171

LESSON
21

두 데이터의
연관 강도 : 상관계수

여기서는 두 데이터의 관계에 대해 알아보자.

지금까지는 데이터를 하나의 대푯값으로 통합하거나 분산 방법에 주목했지만 이번에는 두 데이터의 연관성을 살펴보자.

연관성이요?

어떤 값이 커졌을 때, 다른 값도 같이 커지면 관계가 있다고 생각할 수 있지.

네네.

그 연관성이 매우 강하다는 걸 안다면…

알면?

첫 번째 데이터가 어느 값이 되면 두 번째 데이터가 어떤 값이 될지를 예측할 수 있지. 즉, 연관성으로 예측할 수 있어.

오호! 연관성으로 그런 걸 알 수 있구나.

 ## 산포도

지금까지는 데이터 덩어리를 하나의 대푯값으로 정리하거나 편찻법에 주목했다.

각 데이터를 분리, 비교해서 조사했는데, 이번에는 연관성(관계)이 있는지에 대해서 살펴보자.

두 데이터의 연관성을 알아보려면 산포도를 이용한다. 가로축과 세로축에, 관계를 알고 싶은 데이터를 할당하면 두 종류의 데이터에 어느 정도의 연관성이 있는지 알 수 있다. 예를 들어 생각해보자. 수학, 과학, 사회 성적 데이터가 있다고 하자. 과학과 수학은 관계가 있을 것 같은데 수학과 사회는 관계가 있는지 알 수 없다. 데이터는 다음과 같다(리스트 6.1).

[입력 프로그램] 리스트 6.1

```python
%matplotlib inline
import pandas as pd
import matplotlib.pyplot as plt
import seaborn as sns
sns.set(font=["Nanum Gothic", "Malgun Gothic"])

data = {
    "수학" : [100, 85, 90, 95, 80, 80, 75, 65, 65, 60, 55, 45, 45],
    "과학" : [94, 90, 95, 90, 85, 80, 75, 70, 60, 60, 50, 50, 48],
    "사회" : [80, 88, 70, 62, 86, 70, 79, 65, 75, 67, 75, 68, 60]
}
df = pd.DataFrame(data)
df.head()
```

출력 결과

	수학	과학	사회
0	100	94	80
1	85	90	88
2	90	95	70
3	95	90	62
4	80	85	86

관계가 있나….

이 데이터를 산포도로 표시하려면 '데이터 프레임.plot.scatter(x="가로축의 열명", y="세로축의 열명", c="색")'이라고 명령한다. '수학과 과학', '수학과 사회'의 두 산포도를 표시해보자(리스트 6.2).

LESSON
21

[입력 프로그램] 리스트 6.2

```
df.plot.scatter(x="수학", y="과학", c="b")
plt.title("수학과 과학의 연관성")
plt.show()

df.plot.scatter(x="수학", y="사회", c="b")
plt.title("수학과 사회의 연관성")
plt.show()
```

출력 결과

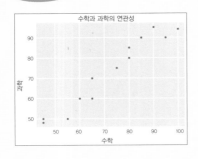

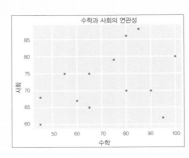

편차를 보자!

이 결과를 보면 수학과 과학은 수학 점수가 높을수록 과학 점수도 높으므로 관계가 있다고 할 수 있다. 한편 수학과 사회는 수학 점수가 높을수록 사회 점수가 높아졌다고 할 수 없으므로 관계는 크게 없어 보인다.

이와 같이 산포도는 점이 모인 상태를 보고 관계의 강도를 알 수 있다. 점이 몰려 있으면 관계가 강한 것을 알 수 있고, 점이 제각각 흩어져 있으면 관계가 없다는 것을 알 수 있다. 이때 기울기에도 의미가 있다.

오른쪽으로 올라가면서 기울어지면 어떤 값이 커지면 다른 값도 같이 커진다는 것을 나타내고, 양의 상관계라고 한다. 오른쪽으로 내려가면서 기울어지면 어떤 값이 커지면 다른 값은 반대로 작아진다는 것을 나타내고 있어, 음의 상관관계라고 한다. 산포도를 보면 관계가 강한지 약한지, 양의 상관관계인지 또는 음의 상관관계인지를 알 수 있다.

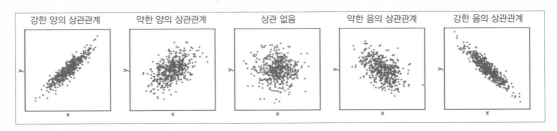

상관계수

관계의 강도와 기울기를 한 개의 수치로 나타낸 것이 바로 상관계수이다.

상관계수는 −1〜+1로 나타낸다. 절댓값이 1에 수렴할수록 상관관계가 매우 강하고, 0에 가까우면 상관이 없음을 나타낸다.

상관계수	상관의 세기	산포도
0.7〜1.0	강한 양의 상관관계	
0.4〜0.7	양의 상관관계	
0.2〜0.4	약한 양의 상관관계	
−0.2〜0.2	상관 없음	
−0.4〜−0.2	약한 음의 상관관계	
−0.7〜−0.4	음의 상관관계	
−1.0〜−0.7	강한 음의 상관관계	

연관성이 강하면 1이나 −1에 가까워지고 연관성이 약하면 0에 가까워지지.

상관계수는 'df.corr()["가로의 열명"]["세로의 열명"]'으로 구할 수 있다.

데이터 분석 명령 : 열 데이터의 상관계수를 구한다

- 필요한 라이브러리 : pandas
- 명령

```
df.corr()["가로의 열명"]["세로의 열명"]
```

- 출력 : 열 데이터의 상관계수

LESSON
21

상관계수의 강도

상관계수가 0.8이나 0.9 정도 되는 현상은 사실 상관계수로 조사하지 않아도 이미 관계가 강하다는 것을 알 수 있다. 상관계수는 사람이 알지 못하는 것을 발견하기 위한 도구라기보다는 왠지 알고 있는 것을 객관적인 데이터로 증명하기 위한 도구로 많이 쓰이고 있다.

'수학과 과학', '수학과 사회'의 두 상관계수를 표시해보자(리스트 6.3).

[입력 프로그램] 리스트 6.3

```
print("수학과 과학 =", df.corr()["수학"]["과학"])
print("수학과 사회 =", df.corr()["수학"]["사회"])
```

출력 결과

```
수학과 과학 = 0.9688434503857296
수학과 사회 = 0.39425173157746285
```

이것을 보면 수학과 과학에는 강한 연관성이 있고 수학과 사회에는 연관성이 크게 없음을 알 수 있다. 'df.corr()', 열명을 지정하지 않으면 열 조합을 한 번에 찾아서 배열해준다. 상관계수의 행렬이므로 상관행렬이라고 한다(리스트 6.4).

데이터 분석 명령 : 상관행렬을 구한다

- 필요한 라이브러리 : pandas
- 명령

```
df.corr()
```

- 출력 : 데이터의 상관행렬

[입력 프로그램] 리스트 6.4

```
print(df.corr())
```

출력 결과

	수학	과학	사회
수학	1.000000	0.968843	0.394252
과학	0.968843	1.000000	0.413466
사회	0.394252	0.413466	1.000000

모든 교과 조합에서 상관행렬이 표시됐다. 기울기 부분이 수학과 수학, 과학과 과학, 사회와 사회는 같은 데이터끼리 조사한 것이기 때문에 상관계수는 1.0이 된다.

수학을 잘 하면
과학도 잘 하는 거,
왠지 알 것 같아.

LESSON
22

산포도에 선을 그려 예측한다

산포도 위에 회귀직선을 그어 예측해보자.

상관관계가 강하면 점점 선에 가까워지네.

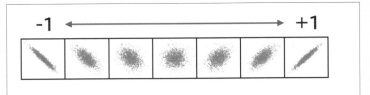

-1 ⟵⟶ +1

선이 되어 간다는 것은 거기에 법칙성이 보인다는 거야. 이것을 이용하면 예측을 할 수 있어.

예측이요?

가로축이 어떤 값일 때, 세로축은 어떤 값이 될지를 선을 이용해 예측할 수 있지.

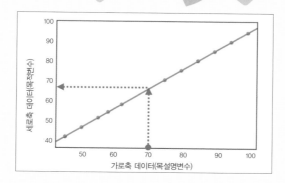

정말 그렇네요.

그렇지만 실제 데이터에는 편차가 있으므로 정확하게 선이 되는 일은 적어. 그래서 과감히 오차가 가장 적을 것 같은 선을 그어 예측에 이용하려고 했지. 그게 회귀직선이야. 이 선도 라이브러리를 이용하면 바로 그을 수 있어.

라이브러리는 정말 고맙네요.

데이터에는 편차가 있는데, 오차가 최소가 되도록 선을 그을 수 있으면 가로축이 어느 값(설명변수)일 때, 세로축은 어떤 값(목적변수)이 될지를 예측할 수 있다. 이것을 회귀직선이라고 한다.

산포도에 회귀직선을 그으려면 seaborn의 'sns.regplot()'라는 명령을 사용할 수 있다.

데이터 분석 명령 : 산포도+회귀직선을 표시한다

- 필요한 라이브러리: `pandas`、`matplotlib`、`seaborn`
- 명령

```
sns.regplot(data=df, x="가로열", y="세로열",line_kws={"color":" ↵
색"})
plt.show()
```

- 출력 : 산포도에 회귀직선

'수학과 과학', '수학과 사회'의 두 산포도에 회귀직선을 표시해보자(리스트 6.5).

LESSON
22

[입력 프로그램] 리스트 6.5

```
sns.regplot(data=df, x="수학", y="과학", line_kws={"color":"red"})
plt.show()

sns.regplot(data=df, x="수학", y="사회", line_kws={"color":"red"})
plt.show()
```

출력 결과

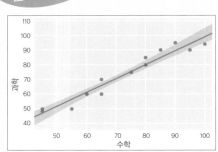

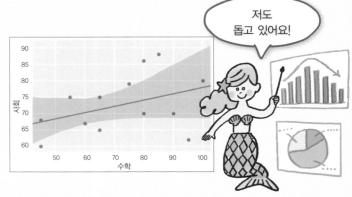

저도
돌고 있어요!

상관관계가 강하면 뚜렷한 선을 그을 수 있지만 상관관계가 약하면 뚜렷한 선을 긋지 못한다. 연한 붉은색 범위가 그것을 나타내고 있고 95% 확률로 이 범위에 들어갈 것이라고 생각되는 범위이다. 이것을 신뢰구간이라고 한다. 수학과 과학은 상관관계가 강했기 때문에 뚜렷한 선을 그을 수 있어 이 범위가 좁지만, 수학과 사회는 상관관계가 약했기 때문에 이 범위를 분명히 긋지 못해 이 범위가 넓어졌다. 분명치 않은 느낌을 알 수 있다.

시본에는 산포도+회귀직선에 히스토그램을 함께 표시하도록 하는 명령도 있다. 그것이 'sns.jointplot()'이다.

데이터 분석 명령: 히스토그램이 있는 산포도+회귀직선을 표시한다

- 필요한 라이브러리: `pandas`、`matplotlib`、`seaborn`
- 명령

  ```
  sns.jointplot(data=df, x="가로의 열명", y="세로의 열명", kind="reg",⏎
  line_kws={"color":"색"})
  plt.show()
  ```

- 출력 : 히스토그램이 있는 산포도+회귀직선

'수학과 과학', '수학과 사회'를 표시해보자(리스트 6.6).

[입력 프로그램] 리스트 6.6

```
sns.jointplot(data=df, x="수학", y="과학", kind="reg", ↵
line_kws={"color":"red"})
plt.show()

sns.jointplot(data=df, x="수학", y="사회", kind="reg", ↵
line_kws={"color":"red"})
plt.show()
```

출력 결과

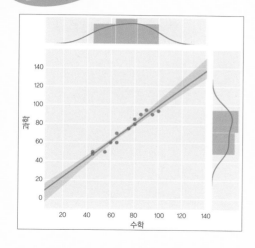

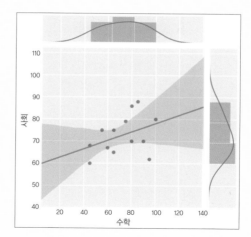

LESSON
22

여러 변수를 표시하는 산포도

히트맵과 산점도 행렬에 대해서 알아보자.

앞에서 나온 예시에서는 수학, 과학, 사회 이렇게 세 과목이었는데 수가 더 많아지니까 힘들어요.

조합이 늘어나니까 힘들지. 그렇지만 그럴 때도 편리한 기능이 라이브러리에 있어. 상관행렬을 색으로 표현하는 기능과 산포도를 한 번에 표시하는 기능이지.

도대체 라이브러리는 어디까지 가능한 거야!

상관행렬을 색으로 표시한다 : 히트맵

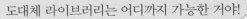

상관계수의 모든 조합을 알아볼 때, 상관행렬로 표시하면 한 번에 보여서 편리하다(리스트 6.7).

[입력 프로그램] 리스트 6.7

```
print(df.corr())
```

LESSON 23

Chapter 6

관계로 예측하자 : 회귀분석

출력 결과

	수학	과학	사회
수학	1.000000	0.968843	0.394252
과학	0.968843	1.000000	0.413466
사회	0.394252	0.413466	1.000000

한 번에 보여서 편리하지만 그래도 숫자가 많아 언뜻 보면 알 수 없다. 그래서 각 값에 색을 입혀 보기 쉽게 하는 방법이 있다. 그게 바로 히트맵이다. 큰 값을 뜨거워 보이는 색, 작은 값을 차가워 보이는 색으로 표시하면, 뜨거워 보이는 색일수록 큰 값이라고 이해할 수 있다. 시본 'sns.heatmap()'이라는 명령으로로 표시할 수 있다.

데이터 분석 명령 : 상관행렬을 색으로 나눠서 표시한다

- 필요한 라이브러리 : pandas、 matplotlib、 seaborn
- 명령

```
sns.heatmap(df.corr())
plt.show()
```

- 출력 : 히트맵

히트맵으로 표시해보자. 상관계수 수치도 함께 표시하고 싶을 때는 'annot=True'로 지정하고 최댓값을 1, 최솟값을 −1, 중앙의 상관관계 없음을 0으로 하고, 색으로 나누고 싶을 때는 'vmax=1, vmin=−1, center=0'으로 지정한다(리스트 6.8).

LESSON 23

[입력 프로그램] 리스트 6.8

```
sns.heatmap(df.corr(), annot=True, vmax=1, vmin=-1, center=0)
plt.show()
```

출력 결과

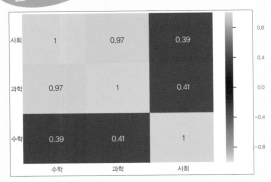

사선 부분은 1이기 때문에 제일 밝은 색으로 되어 있고 그 다음으로 밝은 것은 수학과 과학으로 상관 관계가 강한 것을 알 수 있다. '수학과 사회', '과학과 사회'는 어두워 상관이 약하다는 것을 감각적으로 알 수 있다.

 ## 여러 변수를 표시하는 산포도 : 산점도 행렬

상관행렬은 상관계수 전부의 조합을 행렬로 표시한 것이었지만, 산포도 전부의 조합을 행렬로 표시한 것도 있다. 그것이 산점도 행렬이다. 시본의 'sns.pairplot(data=df)'라는 명령을 사용한다.

데이터 분석 명령 : 산포도 전부의 조합을 행렬로 표시한다

- 필요한 라이브러리 : pandas、matplotlib、eaborn
- 명령

```
sns.pairplot(data=df)
plt.show()
```

- 출력 : 산점도 행렬

산점도 행렬로 표시해보자(리스트 6.9).

[입력 프로그램] 리스트 6.9

```
sns.pairplot(data=df)
plt.show()
```

출력 결과

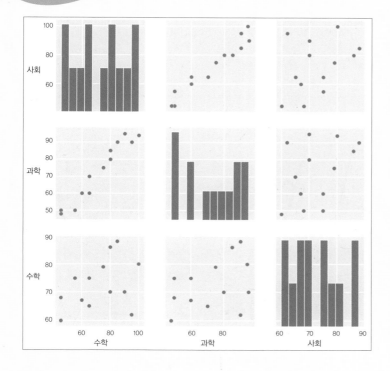

산점도 행렬은 이름 그대로 행렬과 같은 조합으로 산점도를 확인할 수 있죠.

모든 조합의 산포도가 표시됐다. 상관행렬과 마찬가지로 사선 부분은 같은 데이터이므로 산포도 대신 히스토그램이 표시되어 있다.

다시 이 위에 회귀직선을 표시해보자. 옵션에서 'kind="reg"'라고 지정한다(리스트 6.10).

[입력 프로그램] 리스트 6.10

```
sns.pairplot(data=df, kind="reg")
plt.show()
```

LESSON
23

출력 결과

여러 가지가
보이는 것 같아요.

모든 조합의 산포도 + 회귀직선이 표시됐다. 명령은 단 2행에 불과하지만 많은 분석을 하기 때문에 표시될 때가지 시간이 걸린다.

붓꽃의 데이터를 살펴보자

창포라고도 알려진 붓꽃(한자는 같아도 창포와는 다르다)은 데이터 분석에서 자주 사용되는 데이터세트이다.

좀 더 복잡한 데이터를 사용해볼까. 머신러닝에서 자주 사용되는 붓꽃 품종 데이터야.

왜 붓꽃이에요?

옛날 영국의 학자 로널드 피셔가 붓꽃 논문을 발표했는데, 그 데이터가 머신러닝의 샘플 데이터로 많이 쓰이고 있거든. 데이터는 라이브러리 안에 들어 있으니까 바로 쓸 수 있어.

라이브러리에 샘플 데이터가 준비되어 있다니 편리하네요. 어떤 데이터가 들어 있어요?

머신러닝 사이킷런(scikit-learn) 라이브러리에는 붓꽃 품종과 보스턴의 주택 가격, 와인 종류, 손으로 쓴 숫자 등이 들어 있어. 시본 라이브러리에는 붓꽃의 품종과 레스토랑 팁 금액, 타이타닉호의 생존자, 비행기 승객 수 등이 들어 있지.

아! 붓꽃의 품종은 어디에나 들어 있군요.

코스모스나 민들레 등 일반적으로 꽃봉우리 아래에는 작은 초록색 잎(포엽)이 달려 있다. 이것을 **꽃받침**이라고 하며, 주로 꽃을 받쳐주는 역할을 한다. 이것은 열매가 됐을 때도 남아 있는데, 딸기의 경우 꼭지 부분이 그렇다. 그런데 붓꽃은 신기하게도 이 꽃받침이 꽃잎처럼 변한다. 붓꽃의 큰 꽃잎처럼 보이는 부분이 사실은 3장의 꽃받침(외화피편)이고, 안쪽에 작게 보이는 3장이 꽃잎(내화피편)이다.

붓꽃의 꽃받침 길이, 꽃받침 너비, 꽃잎 길이, 꽃잎 너비가 품종과 관련이 있는지에 대해 영국의 학자 로널드 피셔가 1936년 논문을 발표했다. 오늘날 이 데이터가 머신러닝 분류의 샘플 데이터로 많이 쓰여서 유명한 데이터가 된 것이다.

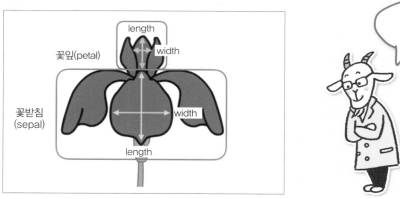

이 데이터에는 세토사(setosa), 버시컬러(versicolor), 버지니카(versinica) 세 종류의 붓꽃 품종 데이터가 들어 있는데 각각의 꽃받침 길이(sepal Length), 꽃받침 너비(sepal width), 꽃잎 길이(petal length), 꽃잎 너비(petal width)의 측정값이 들어 있다.

붓꽃의 품종 데이터는 시본 라이브러리에 들어 있기 때문에 'sns.load_dataset("iris")'라고 명령 하면 사용할 수 있다(리스트 6.11).

데이터 분석 명령 : 붓꽃 품종의 데이터 불러오기

- 필요한 라이브러리: `pandas`、 `matplotlib`、 `seaborn`
- 명령

```
sns.load_dataset("iris")
```

- 출력 : 열 데이터의 평균값

붓꽃의 품종 데이터를 불러와서 표시해보자.

[입력 프로그램] 리스트 6.11

```
%matplotlib inline
import pandas as pd
import matplotlib.pyplot as plt
import seaborn as sns
sns.set()

df = sns.load_dataset("iris")
df.head()
```

출력 결과

	sepal_length	sepal_width	petal_length	peta_width	species
0	5.1	3.5	1.4	0.2	setosa
1	4.9	3.0	1.4	0.2	setosa
2	4.7	3.2	1.3	0.2	setosa
3	4.6	3.1	1.5	0.2	setosa
4	5.0	3.6	1.4	0.2	setosa

시본에도
들어 있어요.

LESSON
24

이 데이터에서 꽃받침 길이, 꽃받침 너비, 꽃잎 길이, 꽃잎 너비 중 어느 것의 연관성이 강한지를 상관계수행렬로 알아보자(리스트 6.12).

[입력 프로그램] 리스트 6.12

```
df.corr()
```

출력 결과

	sepal_length	sepal_width	petal_length	petal_width
sepal_length	1.000000	−0.117570	0.871754	0.817941
sepal_width	−0.117570	1.000000	−0.428440	−0.366126
petal_length	0.871754	−0.428440	1.000000	0.962865
petal_width	0.817941	−0.366126	0.962865	1.000000

또한 히트맵으로 살펴보자(리스트 6.13).

[입력 프로그램] 리스트 6.13

```
sns.heatmap(df.corr(), annot=True, vmax=1,vmin=-1, center=0)
plt.show()
```

출력 결과

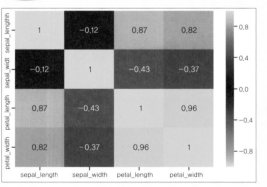

검은색은 연관성이
약하구나.

꽃잎 길이(petal_length)와 꽃잎 너비(petal_width)가 뜨거운 색과 연관성이 강한 것 같다. 꽃잎이 길어지면 너비도 넓어지는 걸까. 반대로 차가운 색이 음의 상관관계인 경우도 있다. 꽃잎 길이(petal_length)와 꽃받침 너비(sepal_width)를 보면 꽃잎이 길어지면 꽃받침 너비가 좁아진다는 뜻일까.

무슨 얘기인지 잘 모르겠다. 좀 더 구체적인 데이터의 분포를 살펴보자. 전체적인 느낌을 알고 싶을 때는 산점도 행렬로 표시해보자(리스트 6.14).

[입력 프로그램] 리스트 6.14

```python
sns.pairplot(data=df)
plt.show()
```

출력 결과

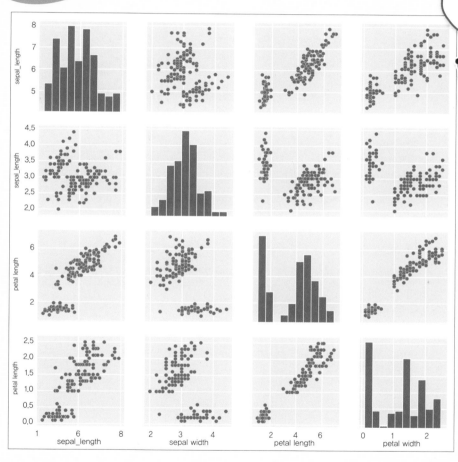

두 그룹으로 나뉘어 있는 거 알겠어요?

LESSON
24

각각의 산포도는 왠지 모르지만 크고 작은 2개의 덩어리로 나뉘어 있다는 것은 알 수 있다. 왜 그럴까. 이 데이터는 3개의 품종이 들어간 데이터이지만, 그 3개의 품종이 섞인 상태로 조사했기 때문이다. 신장 데이터에서도 남녀의 두 요소를 나누어 조사하면 이해하기 쉬웠던 것처럼 이 데이터도 품종별로 나누어 살펴보자. 다시 한 번 데이터를 확인해보자(리스트 6.15).

[입력 프로그램] 리스트 6.15

```
df.head()
```

출력 결과

	sepal_length	sepal_width	petal_length	petal_width	species
0	5.1	3.5	1.4	0.2	setosa
1	4.9	3.0	1.4	0.2	setosa
2	4.7	3.2	1.3	0.2	setosa
3	4.6	3.1	1.5	0.2	setosa
4	5.0	3.6	1.4	0.2	setosa

맨 오른쪽 열이 품종 열이네요.

맨 오른쪽 끝에 species 열이 품종 데이터인 것 같다. setosa라고만 표시되어 있는데 또 다른 이름이 사용되고 있는 걸까. 어느 열 데이터에서 사용되고 있는 데이터의 종류를 꺼내려면 'df ["열명"].unique()' 라고 하는 명령을 사용할 수 있다(리스트 6.16).

서식 : 열 데이터 속에서 겹치지 않는 독특한 데이터를 리스트업한다

```
df["열명"].unique()
```

[입력 프로그램] 리스트 6.16

```
df["species"].unique()
```

출력 결과

```
array(['setosa', 'versicolor', 'virginica'], dtype=object)
```

setosa, versicolor, virginica의 세 가지 이름으로 사용되는 것을 알수 있다.

이 품종을 각각 따로 알아보자.

열 데이터 중에서 어떤 조건에 맞는 데이터를 추출하려면 '데이터 프레임=데이터 프레임[조건]'을 사용한다. 예를 들어 'species 값이 setosa인 것만 추출'하려면 'df[df["species"]=="setosa"]'라고 명령한다. 여기에서는 onespecies에 미리 품종을 넣어서 지정한다.

이렇게 추출한 데이터에서 각각 히트맵을 표시해보자(리스트 6.17, 6.18, 6.19).

[입력 프로그램] 리스트 6.17

```
onespecies = "setosa"


one = df[df["species"]==onespecies]
sns.heatmap(one.corr(), annot=True, vmax=1,vmin=-1, center=0)
plt.title(onespecies, fontsize=18)
plt.show()
```

출력 결과

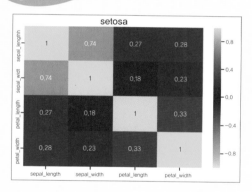

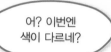

어? 이번엔
색이 다르네?

[입력 프로그램] 리스트 6.18

```
onespecies = "versicolor"

one = df[df["species"]==onespecies]
sns.heatmap(one.corr(), annot=True, vmax=1,vmin=-1, center=0)
plt.title(onespecies, fontsize=18)
plt.show()
```

출력 결과

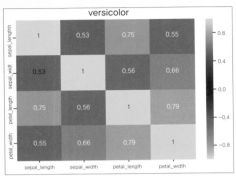

색이
선명해졌네!

[입력 프로그램] 리스트 6.19

```python
onespecies = "virginica"

one = df[df["species"]==onespecies]
sns.heatmap(one.corr(), annot=True, vmax=1,vmin=-1, center=0)
plt.title(onespecies, fontsize=18)
plt.show()
```

출력 결과

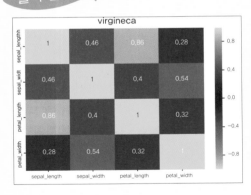

바둑판 모양 같아!

품종으로 나눠보니 차가운 색이 없어졌다. 음의 상관관계는 없었다. 전체적으로 양의 상관관계이지만 품종에 따라 정도에 차이가 있다는 것을 알 수 있다.

예를 들어, setosa를 보면 전체적으로 어두워서 상관관계는 약해 보이지만, 꽃받침 길이(sepal_lenght)와 꽃받침 너비(sepal_width)만큼은 강한 상관관계가 있다는 것을 알 수 있다. versicolor를 보면 전체적으로 밝아서 꽃잎 길이(petal_lenght)와 꽃잎 너비(petal_width)는 강한 상관관계가 있는 것 같다.

좀 더 구체적인 데이터 분석을 살펴보려면 setosa만으로 산점도 행렬을 표시해보자. 회귀직선도 함께 표시해보자(리스트 6.20).

[입력 프로그램] 리스트 6.20

```
onespecies = "setosa"


one = df[df["species"]==onespecies]
sns.pairplot(data=one, kind="reg")
plt.show()
```

점이 몰려 있어 연관성이 있어 보이는 것은 왼쪽 상단에 있는 sepal_lenght와 sepal_width, sepal_width와 sepal_lenght의 산포도이다. 회귀직선을 보니까 주변의 옅은 부분도 적은 걸 알 수 있지.

출력 결과

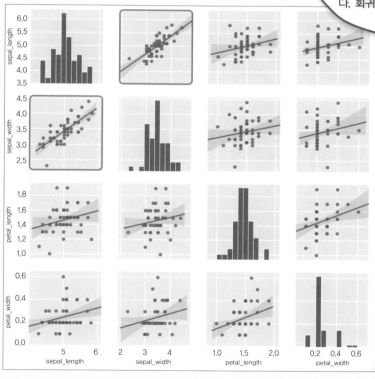

LESSON
24

이 결과를 보더라도 꽃받침 길이(sepal_length)가 길어지면 꽃받침 너비(sepal_width)도 넓어진다고 하는 상관관계가 강하고, 그 외의 상관관계는 약해 보인다.

이 산포도행렬은 품종에 따라 따로따로 표시하는 것이 아니라 다른 색으로 겹쳐 표시하면 품종 간의 특징을 알기 쉬울지도 모른다. 품종으로 분류하여 표시해보자.

어떤 열의 값으로 분류하여 표시하려면 'hue="열명"'이라고 하는 옵션을 지정하면 된다.

[입력 프로그램] 리스트 6.21

```
sns.pairplot(data=df, hue="species")
plt.show()
```

출력 결과

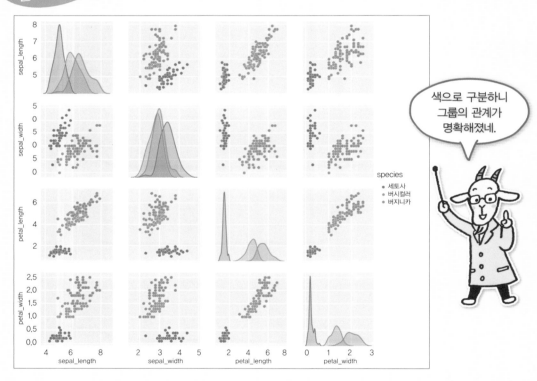

색을 달리 해서 표시했다. 각 품종에 특징이 있어서 그룹이 형성된 것처럼 보인다. versicolor(주황)와 virginica(초록)는 가까운 위치에 있고, setosa(파랑)는 조금 떨어진 위치에 있는 것 같다. 크고 작은 두 덩어리로 보였던 것은 이런 이유에서였다.

한발 더 나아가자

박사 님! 이 붓꽃의 파랑과 초록, 주황 그룹은 뭔가 특징이 있을 것 같은데요, 차이를 확실히 알 수 있는 방법은 없을까요?

 이런 구별은 머신러닝으로 하는 것이 좋지. 데이터를 학습시켜서 꽃받침 길이와 너비, 꽃잎 길이와 너비를 입력하면 어느 품질인지를 예측할 수 있어.

굉장해요! 데이터 분석은 머신러닝으로 연결되는군요.

 머신러닝도 데이터 분석과 마찬가지로 대량의 데이터에서 경향을 찾아내고 법칙을 발견하는 기술이야. 수많은 개와 고양이 사진을 학습시키고 법칙을 발견했다면 다른 사진을 보여주고 개와 고양이인지 판정할 수 있어. 대량의 고흐 그림을 학습시켜 법칙을 발견할 수 있으면 마치 고흐가 그린 것 같은 그림을 그리게 할 수도 있는 거지.

와! 재미있어요.

 머신러닝도 데이터 분석도 데이터를 수집해서 문제를 해결하는 기술이야. 무엇이 문제이고 무엇을 위해 수행하는지(데이터 분석을 할지, 머신러닝을 할지)를 제대로 이해하는 것이 중요하지.

그렇군요. 프로그램은 단지 기계적으로 하는 거니까요.

 게다가 데이터 분석도 아직 끝이 아니야. 이번에 배운 건 정말 초보 수준이야. 앞으로 해야 할 게 더 많아.

아, 그래요?

 데이터 분석은 깊이가 있지. 어려울지도 모르지만 공식을 끝내는 것이 목표가 되면 안 돼. 어떤 의미가 있는지 이해하는 것이 중요해. 데이터 분석에서는 의미를 읽어내는 것이 중요하니까 말야.

어려운 계산은 파이썬에 맡기면 되니까요.

LESSON 24

찾아보기

파이썬 2학년 데이터 분석 구조

2021. 5. 7. 1판 1쇄 인쇄
2021. 5. 14. 1판 1쇄 발행

지은이 | 모리 요시나오
감 역 | 오윤기
옮긴이 | 황명희
펴낸이 | 이종춘
펴낸곳 | [BM] ㈜도서출판 **성안당**
주소 | 04032 서울시 마포구 양화로 127 첨단빌딩 3층(출판기획 R&D 센터)
      | 10881 경기도 파주시 문발로 112 파주 출판 문화도시(제작 및 물류)
전화 | 02) 3142-0036
     | 031) 950-6300
팩스 | 031) 955-0510
등록 | 1973. 2. 1. 제406-2005-000046호
출판사 홈페이지 | **www.cyber.co.kr**
ISBN | 978-89-315-5727-5 (13000)
정가 | 17,000원

이 책을 만든 사람들
책임 | 최옥현
진행 | 김혜숙
본문 디자인 | 김인환
표지 디자인 | 임진영
홍보 | 김계향, 유미나, 서세원
국제부 | 이선민, 조혜란, 김혜숙
마케팅 | 구본철, 차정욱, 나진호, 이동후, 강호묵
마케팅 지원 | 장상범, 박지연
제작 | 김유석

■ 도서 A/S 안내

성안당에서 발행하는 모든 도서는 저자와 출판사, 그리고 독자가 함께 만들어 나갑니다.
좋은 책을 펴내기 위해 많은 노력을 기울이고 있습니다. 혹시라도 내용상의 오류나 오탈자 등이 발견되면 **"좋은 책은 나라의 보배"**로서 우리 모두가 함께 만들어 간다는 마음으로 연락주시기 바랍니다. 수정 보완하여 더 나은 책이 되도록 최선을 다하겠습니다.
성안당은 늘 독자 여러분들의 소중한 의견을 기다리고 있습니다. 좋은 의견을 보내주시는 분께는 성안당 쇼핑몰의 포인트(3,000포인트)를 적립해 드립니다.
잘못 만들어진 책이나 부록 등이 파손된 경우에는 교환해 드립니다.